Psicología Oscura: El Arte de la Manipulación

Domina Técnicas Secretas de Persuasión, Control Mental, Lectura de Personas, PNL y Lenguaje Corporal

Table of Contents

Table of Contents 2
Introducción 9
.... 24
Capítulo uno: Manipulación emocional 24
Capítulo 2: Técnicas de manipulación encubierta 36
Capítulo 3: Técnicas de manipulación de la PNL 50
Capítulo 4: Persuadir e influir en las personas 60
Capítulo 5: Cómo abordar la manipulación en las relaciones 82
Capítulo 6: La manipulación de la opinión pública como orador 90
Capítulo 7: Manipulación con Small-Talk 95
Conclusión: 116
Tabla de Contenidos 119
Introducción 121
Capítulo 1: ¿Qué es la sobrepensamiento? 123
    ¿Por qué sobrepensamos? 124
    El cerebro sobrepensante 125
    Síntomas de Sobrepensamiento 126
    Peligros de ser un pensador excesivo 128
    Tres tipos de sobrepensamiento 129
Capítulo 2: Ansiedad y Sobrepensar 131
    Formas en que la ansiedad causa sobrepensamiento 131
    132
    Resultado de la ansiedad y el pensamiento excesivo 132
     134
    Lo que no es la sobrepensación 134

Cómo Dejar de Sobrepensar Todo 135
Capítulo 3: Intenta detenerlo antes de que empiece. 136
  Creencias Limitantes 136
  138
  Estrategias de afrontamiento no útiles 138
  Prepárate para entrenar tu cerebro para establecer una relación saludable con tus pensamientos. 139
Capítulo 4: Enfoque en la Solución Activa de Problemas. 141
  ¿Qué es la resolución activa de problemas? 142
  Preguntas para hacerse a uno mismo 142
  ¿Cuándo es efectiva la resolución activa de problemas? 143
  Cómo utilizar la resolución activa de problemas 144
Capítulo 5: Considera el peor de los casos. 146
  Qué Hacer Al Considerar El Escenario Más Adverso 147
  Por qué deberías considerar el peor de los casos 148
Capítulo 6: Programa Tiempo de Reflexión. 150
  Los pasos de "Programar Tiempo de Reflexión". 151
Capítulo 7: Piensa Útilmente. 154
Capítulo 8: Establecer límites de tiempo para tomar decisiones. 158
  Cómo Establecer Límites de Tiempo Para Tus Decisiones ... 159
  Establece un límite en el número de decisiones que tomas por día. 160
Capítulo 9: Considera el Panorama General. 162
Capítulo 10: Vive en el Momento. 166
  ¿Por qué es importante estar presente? 166
  Pasos prácticos para vivir en el presente. 167
Capítulo 11: Meditar 170

4 Maneras en que la meditación ayuda a detener el pensamiento excesivo 170

Cómo Meditar en 9 Pasos Sencillos.. 171

Capítulo 12: Crea una lista de tareas... 174

Capítulo 13: Abraza la Positividad. 178

Capítulo 14: Usando Afirmaciones para Aprovechar el Pensamiento Positivo. 182

¿Qué son las afirmaciones y funcionan?.................................... 183

Cómo Usar Afirmaciones Positivas 183

Cómo Escribir una Declaración de Afirmación 185

Ejemplos de Afirmaciones... 186

Capítulo 15: Conviértete en Orientado a la Acción. 188

Consejos para Actuar en la Superación del Sobreanálisis...... 189

Capítulo 16: Superando tu miedo. 191

Capítulo 17: Confía en ti mismo.. 193

Capítulo 18: Deja de esperar el momento perfecto. 197

Capítulo 19: Deja de preparar tu día para el estrés y la sobrepensación. 201

Capítulo 20: Aceptar Todo lo que Sucede...................................... 203

Formas de Dejar Ir las Heridas del Pasado 204

Capítulo 21: Da lo Mejor de Ti y Olvida el Resto. 207

No Tiene Que Ser Difícil. 209

Capítulo 22: No te presiones para manejarlo. 210

Capítulo 23: Diario para sacar los pensamientos de tu cabeza.213

Cómo Empezar 214

Diario: Tu Camino Hacia un Mejor Estado Mental................. 215

Capítulo 24: Cambia de canal... 217

Capítulo 25: Tómate un Descanso. 220

Descanso para Resultados 220
Capítulo 26: Hacer ejercicio. 223
   Cómo el ejercicio promueve el bienestar positivo 224
   Tipos de ejercicios para superar el pensamiento excesivo ... 226
Capítulo 27: Consigue un pasatiempo. 228
Capítulo 28: No seas demasiado duro contigo mismo. 231
   Cómo dejar de ser demasiado duro contigo mismo 232
Capítulo 29: Duerme Mucho y de Buena Calidad. 234
   Beneficios de Dormir 235
   Cómo Aprovechar Al Máximo Tu Sueño 237
Conclusión. 240

Técnicas Secretas de Manipulación:

Las 7 técnicas más poderosas para influir en la gente, persuasión, control mental, lectura de personas, PNL. Cómo analizar a las personas y el lenguaje corporal.

© Copyright 2024 por Robert Clear - Todos los derechos reservados.

Este libro se ofrece con el único propósito de proporcionar información relevante sobre un tema específico para el que se han hecho todos los esfuerzos razonables para garantizar que sea preciso y razonable. No obstante, al comprar este libro, usted acepta que el autor y el editor no son en absoluto expertos en los temas que contiene, independientemente de las afirmaciones que puedan hacerse al respecto. Por lo tanto, cualquier sugerencia o recomendación que se haga en este libro se hace con fines de entretenimiento. Se recomienda consultar siempre a un profesional antes de poner en práctica cualquiera de los consejos o técnicas que se exponen.

Se trata de una declaración jurídicamente vinculante que es considerada válida y justa tanto por el Comité de la Asociación de Editores como por el Colegio de Abogados de Estados Unidos y que debe considerarse jurídicamente vinculante dentro de este país.

La reproducción, transmisión y duplicación de cualquiera de los contenidos aquí encontrados, incluyendo cualquier información específica o ampliada, se realizará como un acto ilegal independientemente de la forma final que adopte la información. Esto incluye las versiones copiadas de la obra, tanto físicas como digitales y de audio, a menos que se cuente con el consentimiento expreso de la Editorial. Quedan reservados todos los derechos adicionales.

Además, la información que se encuentra en las páginas que se describen a continuación se considerará exacta y veraz a la hora de relatar los hechos. Por lo tanto, cualquier uso, correcto o incorrecto, de la información proporcionada dejará al editor libre de responsabilidad en cuanto a las acciones realizadas fuera de su ámbito directo. En cualquier caso, no hay ninguna situación en la que el autor original o la editorial puedan ser considerados responsables de ninguna manera por cualquier daño o dificultad que pueda resultar de cualquier información discutida aquí.

Además, la información contenida en las páginas siguientes tiene únicamente fines informativos, por lo que debe considerarse universal. Como corresponde a su naturaleza, se presenta sin garantía de su validez prolongada ni de su calidad provisional. Las marcas comerciales que se mencionan se hacen sin el consentimiento por escrito y no pueden considerarse en ningún caso un respaldo del titular de la marca.

Introducción

Alguna vez se ha preguntado cómo algunas personas pueden conseguir que otras hagan lo que ellas quieren, independientemente de que la otra persona quiera hacerlo o no. Existe una cualidad tácita casi hipnótica que hace que las personas realicen la acción deseada. Pueden ser sus palabras, su lenguaje corporal, su voz, sus estrategias furtivas o una combinación de todas ellas. El resultado final es que siempre tienen a la gente comiendo de sus manos y haciendo lo que quieren. Aunque todos hemos manipulado a la gente de una forma u otra en distintos grados a lo largo de nuestra vida, algunas personas dominan el arte de manipular, influir y persuadir a la gente para que realice la acción deseada.

Aunque las cosas parezcan de color de rosa y bonitas por fuera, incluso con una crianza ideal, una gran educación y una carrera estelar, todos hemos sido víctimas de tácticas desagradables utilizadas por personas para salirse con la suya aprovechándose de nuestros sentimientos, nuestra autoestima y nuestras emociones. Todos hemos formado parte de relaciones manipuladoras en las que los hilos de nuestros sentimientos y emociones eran controlados hábilmente por otra persona para satisfacer sus necesidades.

Aunque los seres humanos en general prosperan con el amor, la bondad y la gratitud, no se puede negar que es una especie egocéntrica. Sí, somos egoístas por naturaleza. Aunque no creas que ser egoísta o servicial es un rasgo negativo. ¿Por qué no habríamos de pensar en nosotros mismos? Sin embargo, algunas personas llevan este egocentrismo demasiado lejos. En su intento de satisfacer sus necesidades, pisotean los sentimientos y las emociones de los demás.

Cuando la gente empieza a recurrir a técnicas intencionadas, calculadas y astutas para salirse con la suya es lo que la convierte en malvada. La intensidad de esto puede variar de una persona a otra dependiendo de su crianza, entorno, personalidad, experiencias, educación y varios otros factores.

Todos somos culpables de utilizar la manipulación en algún momento, a menudo sin darnos cuenta. Del mismo modo, a menudo somos manipulados por personas cercanas a nosotros sin darnos cuenta de que estamos siendo víctimas de la manipulación. Y esto es precisamente lo que la hace tan siniestra e insidiosa. Nos hacen pensar, sentir y actuar de una manera determinada para satisfacer la necesidad de otra persona sin tener en cuenta nuestras emociones.

Por ejemplo, puede que le hagan sentir culpable por trabajar duro o por dedicar muchas horas al trabajo, aunque lo haga para construir un futuro para sus seres queridos. O le harán sentir que es una persona irresponsable por tomarse un descanso de las tareas domésticas y soltarse la melena con los amigos.

La cruda realidad de la manipulación es que se origina en personas que están lidiando con problemas relacionados con la seguridad, la autoconfianza y la comodidad. Intentan forzar su suerte en un intento de sujetar a otras personas por miedo a perderlas. Los manipuladores actúan desde un profundo sentimiento de inseguridad. Irónicamente, no se dan cuenta de que, en su intento de controlar a las personas por miedo a perderlas, acaban haciendo precisamente eso. Perder a la gente.

Otras veces, los manipuladores simplemente se aprovechan de la gente para servir a sus propósitos egoístas y degolladores. Son fríos, calculadores y despiadados en sus actos. No tienen en cuenta los sentimientos y las emociones de sus víctimas. Según ellos, el mundo es un "perro come perro", y para sobrevivir creen que tienen que utilizar a otras personas.

Los manipuladores operan con el punto de vista de que tienen que alcanzar su fin por cualquier medio que sea, y si eso acaba perjudicando a algunas personas en el camino, que así sea. Son personas a las que hay que vigilar activamente y evitar.

El propósito de este libro es que conozcas los trucos furtivos que la gente utiliza para manipular a los demás. Pretende descubrir cómo la gente utiliza la manipulación emocional, el control mental y la persuasión para satisfacer sus propias necesidades.

Cuando es capaz de identificar las técnicas manipuladoras inteligentes, le resulta más fácil protegerse de ellas. Aprenderá a leer las señales de advertencia de la manipulación y a utilizar técnicas prácticas para salvaguardar sus emociones y su confianza en sí mismo, logrando así una completa inmunidad contra las tácticas astutas de la gente.

La manipulación es muy diferente de la persuasión. Mientras que la persuasión otorga a la otra persona el derecho a elegir su respuesta a una situación concreta, la manipulación sí da a la víctima el derecho a elegir. La manipulación sólo tiene un camino: el que el manipulador quiere que tomes. Sólo hay una "elección correcta": la elección del manipulador. No hay ninguna consideración o preocupación por sus deseos, elecciones y emociones. Pagarás con el infierno si no eliges la opción que ellos quieren que elijas.

Las tácticas típicas de manipulación incluyen

-Quejándose

-Víctima del juego

-Inducción de la culpa

-Comparando

-Ofrecer excusas y racionalizar

-Soberbia ignorancia

-Chantaje emocional

-Evasión

-Demostrar una falsa preocupación

-Subir a la gente

-Culpar a los demás y utilizar defensas del tipo "¿quién soy yo?

-Mentira

-Negando

-Falsos halagos

-Intimidación

-Dar la ilusión del desinterés

-Vergüenza

- Utilizar las técnicas de entrada en la puerta

y más

¿Se ha preguntado alguna vez cómo algunas personas pueden conseguir que otras hagan exactamente lo que quieren? ¿O cómo consiguen un gran número de seguidores que están más que dispuestos a estar de acuerdo con ellos o a seguir sus instrucciones?

¿Cuáles son las habilidades vitales secretas que estas personas utilizan en el mundo real para influir en la gente y conseguir que acepten cosas?

Dominar el fino arte de ganar e influir en la gente es una ventaja para la vida. Le permite sacar lo mejor de los demás, los anima a ver las cosas desde su perspectiva y, en última instancia, les ayuda a hacer exactamente lo que usted quiere.

Es importante entender que ninguna de las técnicas descritas en el libro entra dentro de las estrategias del arte oscuro de persuadir a la gente. Influir en la gente no consiste en destruir su autoestima para sentirse bien consigo mismo.

Al contrario, se trata de construirlos animándolos e inspirándolos. Existen múltiples estrategias psicológicas para influir en las personas sin que se sientan mal consigo mismas. Adoptamos un enfoque enormemente positivo y constructivo cuando se trata de ser un increíble influenciador y de influir en las personas en la dirección correcta.

¿Se pregunta por qué algunos influencers inspiran a un grupo de seguidores que se desviven por complacerles mientras que otros apenas consiguen que la gente reconozca sus instrucciones? Se trata de crear una conexión que impulse a la gente en la dirección correcta. Por mucho que los escritores de psicología pop no quieran que lo creas, influir en la gente es más que un montón de trucos psicológicos. Se trata de profundizar en las emociones de las personas, en su subconsciente y en sus motivaciones más imperiosas.

Según una leyenda que circula, Benjamín Franklin quiso una vez complacer a un hombre que no le gustaba mucho. Se adelantó y le pidió al hombre que le prestara (a Franklin) una rara publicación. Cuando Franklin la recibió, le dio las gracias amablemente. El resultado: los dos se hicieron grandes amigos.

En palabras de Franklin, "Aquel que ha hecho una vez una amabilidad estará más dispuesto a hacer otra que aquel a quien tú mismo has obligado". Actos aparentemente pequeños como (dar las gracias o ser amable) llegan muy lejos a la hora de forjar lazos en los que la gente le quiera de verdad y le escuche.

¿Ha oído hablar de la hipnosis conversacional? El término ha cobrado mucha fuerza recientemente y no es más que una serie de técnicas utilizadas para influir inconscientemente en el comportamiento de un individuo o grupo de tal manera que crean que su opinión ha cambiado con su propia voluntad.

Por supuesto, esta área de persuasión/influencia en las personas cae en la zona gris. Influir en las personas haciéndoles creer que es por su voluntad puede ser engañoso. Cada persona debe determinar si quiere utilizar estos trucos de forma ética o no. Sin embargo, hay un montón de técnicas probadas de sombrero blanco para empezar a hablar y comportarse de una manera que haga que la gente se siente y tome nota.

La comunicación eficaz es la base de sus encuentros personales y profesionales. Las palabras, las acciones y los gestos que utiliza para conectar con la gente les ayudan a entenderle y le facilitan influir en sus acciones a su favor.

Influir sutilmente en la gente consiste en ser un comunicador poderoso, un influenciador carismático y un individuo persuasivo. Hay montones de maneras de conseguir que la gente esté de acuerdo contigo sin ser argumentativo o negativo. Este libro le dice cómo hacerlo. Le ayuda a entender cómo reaccionan las personas ante diferentes estímulos, qué los lleva a hacer lo que hacen y cómo animarles/inspirarles de forma positiva. Empecemos ahora mismo.

Ahora que eres bastante competente en la identificación de tácticas de manipulación emocional y encubierta, vamos a entender qué lleva a las personas a manipular a los demás. Esto puede ayudarle a tratar con ellos de forma más eficiente.

Todos hemos sido víctimas de todo tipo de cosas, desde la mentira patológica, pasando por hacernos sentir inadecuados, hasta sufrir horribles campañas de desprestigio. Están más allá de las normas razonables de comportamiento humano. ¿Qué hace que las personas se conviertan en siniestros manipuladores? ¿Qué lleva a los manipuladores a utilizar las tácticas que utilizan? ¿Qué los lleva a desafiar las normas de comportamiento humano y a recurrir a técnicas turbias para salirse con la suya?

La manipulación es un arma de doble filo con connotaciones en gran medida negativas. Sin embargo, en determinadas circunstancias, también puede utilizarse para cumplir un propósito final positivo cuando ninguna otra táctica directa resulta eficaz. Este manual de manipulación no sólo le proporcionará un tesoro de consejos de manipulación y persuasión, sino también consejos para tratar con los manipuladores en la vida diaria y, especialmente, en las relaciones interpersonales. He adoptado una visión global de la manipulación como un martillo que puede usarse para destruir cosas o para golpear un clavo en la pared. Piense en ella como una herramienta poderosa: puede utilizarla para construir algo o para destruirlo. La forma de utilizar la manipulación está en sus manos. Mientras que, por un lado, se le ofrecen un montón de técnicas de manipulación para influir en la gente, por otro, hay consejos para salvaguardarle de la manipulación siniestra o negativa.

Siga leyendo para conocer más a fondo lo que hace que las personas manipulen a los demás de una forma que nunca imaginaría.

¿Por qué la gente manipula?

Los manipuladores viven constantemente bajo el miedo y la inseguridad. ¿Y si esto no sucede? ¿Y si mi pareja me deja por otra persona? ¿Y si alguien se impone sobre mí? Quieren ganar y controlar todo el tiempo para combatir una sensación inherente de miedo.

¿De dónde surge este miedo? Tiene su origen en un profundo sentimiento de indignidad. Esto se traduce simplemente en que ciertamente no soy digno de las cosas y personas buenas de la vida, por lo que estas cosas y personas me abandonarán. Para evitar que me abandonen, debo recurrir a algunas técnicas solapadas que me den el control absoluto sobre las personas y las cosas que creo que no merezco. En resumen, el mensaje subyacente es: ¡no me merezco o no soy digno de las personas y las cosas!

Miedo

¿Por qué una persona utiliza la manipulación para cumplir con su propia agenda? Simple, ¡miedo!

Es obvio que los manipuladores temen que nunca podrán obtener el resultado deseado con sus propias habilidades. Que si actúan con ética, la gente y la vida no les recompensarán positivamente. Operan desde el punto de vista de que la gente es la vida y la gente está posicionada en su contra. Los manipuladores temen a todo el mundo como su enemigo y creen que la vida no les será necesariamente favorable si actúan favorablemente.

Tienen miedo de que los recursos sean limitados y de que, si no ganan algo, lo hagan otros. Piensan que es un universo de "perro come perro" en el que hay que controlar a la gente para que les ayude a conseguir el resultado deseado. Este control puede ser de cualquier forma: emocional, psicológico, financiero o práctico. Quieren controlar a la gente para poder lograr su agenda deseada y dejar de lado su miedo.

Baja o nula conciencia

La falta de conciencia es otra razón fundamental para la manipulación. Cuando una persona no se da cuenta de que es responsable de su propia realidad, hay una mayor tendencia a operar sin conciencia. Los manipuladores no creen que exista un sistema justo. Además, han dejado de evolucionar. No aprenden de las experiencias anteriores ni tratan de lograr un estado de congruencia entre las emociones internas y la vida externa.

Consideran la manipulación como un mundo seguro para obtener el resultado deseado, a pesar de que estos resultados no les han aportado satisfacción en el pasado. Emocional y psicológicamente siguen volviendo al punto de partida de vez en cuando, sin aprender nunca la lección. Para evitar esta lección, crearán otra razón para manipular. Así, quedan atrapados en un círculo vicioso de indignidad o insatisfacción y luego crean otra necesidad de manipulación.

La manipulación no es rentable más allá del breve arreglo inicial, ya que la acción manipuladora no es auténtica, equilibrada ni eficaz. Es una reacción de defensa ante la percepción de dolor, indignidad, miedo o inseguridad. Al ser manipuladora, la persona intenta compensar estas emociones.

La manipulación es un acto deliberado que no está alineado con la conciencia de la persona ni con el bien mayor. La persona no opera con un entendimiento de "somos uno", lo que significa que busca ganar a través de la manipulación mediante la autenticidad en lugar de la no autenticidad. Todo lo que se gana a través de la no autenticidad sólo conduce a victorias estrechas, problemas continuos, vacío o miedo, e indignidad. Esto crea una sensación de indignidad aún mayor. De nuevo, la indignidad es el miedo a no ser digno del amor y la aceptación de los demás.

Las personas manipuladoras no aprenden, evolucionan ni se dan cuenta del poder de la autenticidad. La falta de comprensión del poder real de la autenticidad y la valía proviene de saber que uno es apreciado y aceptado por lo que realmente es. En esencia, un sentimiento de indignidad es a menudo el núcleo de la manipulación.

No quieren pagar el precio que conlleva alcanzar sus objetivos.

Las personas suelen manipular para satisfacer sus necesidades porque no quieren pagar el precio que conlleva su objetivo. A menudo se esfuerzan por lograr el objetivo o servir a su propósito sin querer devolver o pagar el precio a cambio.

Por ejemplo, si no quiere que su pareja le deje, la relación requerirá trabajo. Tendrá que dar a su pareja amor, compasión, comprensión, tiempo, lealtad, ánimo, inspiración, un futuro seguro y mucho más.

Un manipulador puede no querer que su pareja le deje, pero no quiere pagar el precio de mantener una relación feliz, segura y sana, en la que la pareja nunca le deje. Puede que no quieran ser leales o pasar mucho tiempo con su pareja, y sin embargo esperan que se quede. Cuando las personas no están dispuestas a pagar el precio de conseguir lo que quieren, pueden recurrir a la manipulación o a técnicas turbias para conseguir esos objetivos sin pagar el precio que conllevan.

Del mismo modo, si una persona manipuladora quiere ser ascendida en su lugar de trabajo, en lugar de trabajar duro, quedarse más allá de las horas de trabajo, mejorar sus habilidades o conseguir un título, simplemente manipulará su camino hacia el puesto. La persona no estará dispuesta a pagar el precio o a hacer lo necesario para ser promovida.

A veces, está muy arraigado en la psique de una persona que los deseos son malos o que no debería tener ningún deseo, ya que le hace parecer egoísta. La manipulación se convierte entonces en una forma de conseguir lo que desean o necesitan sin siquiera pedirlo.

Los manipuladores saben que todo tiene un precio. Una persona no les hará un favor sin esperar un favor a cambio. No seguirán recibiendo cosas si no demuestran amabilidad y gratitud. Una persona no los amará o tendrá sexo con ellos sin obtener compromiso, lealtad y amor a cambio. Los manipuladores tratan de tentar la suerte intentando conseguir algo sin pagar el precio que conlleva. A menudo es una salida fácil.

Piensan que no los van a pillar

Otra razón por la que las personas manipulan es que creen que pueden salirse con la suya con sus actos furtivos y que las víctimas no se darán cuenta de que están siendo manipuladas. También confían en que la víctima no puede hacer nada aunque se descubra su tapadera de manipulación.

¿Qué es lo que hace que los manipuladores sientan que no van a ser descubiertos? Algunas personas parecen intrínsecamente despistadas, vulnerables, inseguras e ingenuas. Este es el tipo de personas de las que se aprovechan los manipuladores. Creen que una persona que tiene poca confianza en sí misma, un bajo sentido de la autoestima o que no tiene ni idea de cómo funciona el mundo es menos probable que se dé cuenta de que está siendo manipulada.

Además, los manipuladores saben que en caso de que se descubra su tapadera de manipulación, la víctima no podrá hacer mucho. Eligen astutamente objetivos con poca confianza en sí mismos, autoaceptación, imagen corporal o sentido de la autoestima. Es más fácil jugar con las vulnerabilidades de estas personas que con las personas asertivas y seguras de sí mismas que no permiten que se aprovechen de ellas.

Por ejemplo, digamos que una persona tiene poca conciencia de la dinámica social, no entiende las bromas con facilidad, no identifica una broma a tiempo, no es capaz de diferenciar entre la cortesía genuina y las insinuaciones sexuales, no puede distinguir cuando alguien se siente realmente atraído por él o simplemente quiere irse a la cama con él y otras dinámicas sociales e interpersonales similares son más propensas a ser manipuladas.

Los manipuladores son muy conscientes de que sus víctimas no pueden hacer nada si ni siquiera se dan cuenta de que se está abusando de sus debilidades. A menudo se aprovechan de la falta de conocimiento de sus víctimas diciendo que se están imaginando cosas o inventando algo. Una persona ya despistada e insegura es menos probable que cuestione esta idea. Cuando uno ya se tambalea bajo los sentimientos de inseguridad, despiste y vulnerabilidad, ¿qué tan difícil es para el manipulador aprovecharse de estos sentimientos reforzándolos aún más? Manipuladores

Los manipuladores manipulan porque creen que pueden herir o molestar a sus víctimas más de lo que las víctimas pueden herir o molestar a ellos. Casi siempre se dirigen a personas que parecen agradables y vulnerables. Cuando las personas son ajenas a la deshonestidad que existe en las relaciones sociales, no están realmente acostumbradas a las lealtades deshonestas. Esto no les proporciona los medios para enfrentarse o contrarrestar la deshonestidad, lo que les hace menos conscientes de que están siendo manipulados.

No son capaces de aceptar sus defectos.

Cuando las personas son incapaces de asumir sus defectos o no aceptan la responsabilidad o la rendición de cuentas por las faltas, existe una necesidad inherente de hacer que los demás se sientan menos que ellos.

Si los manipuladores no son lo suficientemente buenos o se sienten miserables sobre sí mismos, existe el deseo de hacer que otros se sientan igualmente indignos o miserables sobre sí mismos. Cuando una persona cree que es indigna de alguien, manipulará a la persona para que se sienta indigna también, de modo que pueda obtener el control sobre su percepción de que necesita al manipulador en su vida para sentirse digno. Al menospreciar a los demás o ganar control sobre ellos, experimentan una forma de pseudo superioridad. Si no pueden ser lo suficientemente buenos para los demás, hagamos que los demás sientan que no son lo suficientemente buenos también para mantener el control sobre ellos.

En efecto, los manipuladores no quieren que sus víctimas se den cuenta de que ellos (los manipuladores) no son lo suficientemente buenos o no son dignos de ellos (las víctimas). Por lo tanto, el manipulador cultivará cuidadosamente un sentimiento de impotencia e indignidad dentro de la víctima para mantenerla enganchada a él/ella. Si una persona se da cuenta de que es más atractiva, inteligente, rica, capaz, eficiente, autosuficiente, etc., mayores serán sus posibilidades de dejar al manipulador. Por otro lado, si el manipulador les inyecta la sensación de no estar "completos", necesitarán a alguien que los "complete".

Los manipuladores no son capaces de aceptar sus defectos ni de enfrentarse a las críticas. A menudo se enfrentan a problemas psicológicos profundos o a inseguridades. Al manipular a los demás, no tienen que enfrentarse a sus propias inseguridades para sentirse superiores a los demás. Para alguien que opera con una perspectiva tan estrecha, incluso una pequeña corrección, retroalimentación o crítica puede parecer una gran derrota.

Las personas que manipulan no saben cómo afrontar la derrota. Si duda en dar su opinión porque la persona se pone a la defensiva o saca las cosas de quicio o no se toma las cosas con el espíritu adecuado, puede ser una señal de que está tratando con alguien que no puede aceptar las críticas.

Observe que los manipuladores rara vez expresan sentimientos de gratitud o agradecimiento. Les resulta difícil ser agradecidos con los demás porque, en su opinión, al hacerlo están aumentando su sensación de estar obligados con otra persona, lo que no les da ventaja en ninguna relación.

Por ejemplo, si le hace a alguien un gran favor, se siente obligado a devolverlo, lo que le sitúa por encima de él en la dinámica de la relación hasta que le devuelva el favor. Los manipuladores no quieren darle ventaja sintiéndose obligados. Por lo tanto, demostrarán un mínimo de agradecimiento para que no crea que ha hecho algo enorme por ellos o que están obligados a usted. La idea es estar siempre por encima de usted y esta sensación de estar en deuda no les hace sentirse superiores.

Evitar la aceptación de sus defectos

Cuando las personas son incapaces de asumir sus defectos o no aceptan la responsabilidad o la rendición de cuentas por las faltas, existe una necesidad inherente de hacer que los demás se sientan menos que ellos.

Si los manipuladores no son lo suficientemente buenos o se sienten miserables sobre sí mismos, existe el deseo de hacer que otros se sientan igualmente indignos o miserables sobre sí mismos. Cuando una persona cree que es indigna de alguien, manipulará a la persona para que se sienta indigna también, de modo que pueda obtener el control sobre su percepción de que necesita al manipulador en su vida para sentirse digno. Al menospreciar a los demás o ganar control sobre ellos, experimentan una forma de pseudo superioridad. Si no pueden ser lo suficientemente buenos para los demás, hagamos que los demás sientan que no son lo suficientemente buenos también para mantener el control sobre ellos.

En efecto, los manipuladores no quieren que sus víctimas se den cuenta de que ellos (los manipuladores) no son lo suficientemente buenos o no son dignos de ellos (las víctimas). Por lo tanto, el manipulador cultivará cuidadosamente un sentimiento de impotencia e indignidad dentro de la víctima para mantenerla enganchada a él/ella. Si una persona se da cuenta de que es más atractiva, inteligente, rica, capaz, eficiente, autosuficiente, etc., mayores serán sus posibilidades de dejar al manipulador. Por otro lado, si el manipulador les inyecta la sensación de no estar "completos", necesitarán a alguien que los "complete".

Los manipuladores no son capaces de aceptar sus defectos ni de enfrentarse a las críticas. A menudo se enfrentan a problemas psicológicos profundos o a inseguridades. Al manipular a los demás, no tienen que enfrentarse a sus propias inseguridades para sentirse superiores a los demás. Para alguien que opera con una perspectiva tan estrecha, incluso una pequeña corrección, retroalimentación o crítica puede parecer una gran derrota.

Las personas que manipulan no saben cómo afrontar la derrota. Si duda en dar su opinión porque la persona se pone a la defensiva o saca las cosas de contexto o no se toma las cosas con el espíritu adecuado, puede ser una señal de que está tratando con alguien que no puede aceptar las críticas.

Observe que los manipuladores rara vez expresan sentimientos de gratitud o agradecimiento. Les resulta difícil ser agradecidos con los demás porque, en su opinión, al hacerlo están aumentando su sensación de estar obligados con otra persona, lo que no les da ventaja en ninguna relación.

Por ejemplo, si le hace a alguien un gran favor, se siente obligado a devolverlo, lo que le sitúa por encima de él en la dinámica de la relación hasta que le devuelva el favor. Los manipuladores no quieren darle ventaja sintiéndose obligados. Por lo tanto, demostrarán un mínimo de agradecimiento para que no crea que ha hecho algo enorme por ellos o que están obligados a usted. La idea es estar siempre por encima de usted y esta sensación de estar en deuda con su persona no les hace sentirse superiores.

Capítulo uno: Manipulación emocional

Aunque todo el mundo es culpable de utilizar la manipulación (a sabiendas o sin saberlo) en algún momento, lo que diferencia a los manipuladores emocionales es que habitualmente pisotean las emociones y los sentimientos de las personas para servir a sus propias necesidades egoístas. Para algunas personas es una forma de vida utilizar los sentimientos de los demás en un intento de aumentar su control psicológico o su superioridad sobre la persona.

1. Jugar con los miedos de la gente. Los manipuladores emocionales tienden a exagerar los hechos y a resaltar sólo puntos específicos en un intento de infundirte miedo. Por ejemplo, un hombre que no quiere que su mujer siga una carrera a tiempo completo fuera de casa puede decirle algo como "las investigaciones revelan que el 60% de los divorcios se producen cuando ambos cónyuges tienen una carrera a tiempo completo", ocultando disimuladamente que puede haber otras razones que no sean la carrera o el trabajo de la mujer. Esto está inteligentemente construido para aprovecharse del miedo de la mujer a perder la relación si cede a sus ambiciones.

2. Las acciones y las palabras no deben coincidir. Los manipuladores emocionales le dicen exactamente lo que creen que quiere oír, pero rara vez lo acompañan con acciones. Prometen compromiso y

apoyo. Sin embargo, cuando llegue el momento de cumplir su compromiso, le harán sentir culpable por plantear exigencias poco razonables.

En un momento dado, le dirán lo afortunados que son por conocer a una persona como tú, y al siguiente le criticarán por ser una carga. Esta es una táctica inteligente para socavar la creencia de una persona sobre su cordura. Los manipuladores emocionales seguirán diciendo cosas que se ajusten a su propósito y, de repente, moldearán una percepción contraria haciendo lo contrario de lo que dijeron para desequilibrar la cordura.

Esto también tiene un precio, que reclamarán furtivamente en el futuro. Como manipulador emocional, recuerda constantemente a las personas cómo les has ayudado y lo utilizas como palanca para que se sientan obligadas contigo. Si les recuerdas constantemente un favor que les hiciste voluntariamente, harás que la otra persona sienta que te debe algo, hay muchas probabilidades de que estés siendo manipulado emocionalmente.

3. Convertirse en maestros de la distribución de la culpa. Pocas personas aprovechan el poder de la culpa como los manipuladores practicados. Los manipuladores emocionales inducen el sentimiento de culpa en otras personas para satisfacer sus necesidades. Si alguien saca a relucir un tema que le ha molestado durante la discusión, los manipuladores le hacen sentir culpable por sentirse como se siente, por muy justificados que parezcan estos sentimientos. Los manipuladores emocionales hacen que la gente se sienta culpable por mencionar el tema. Cuando alguien no menciona el tema, le hacen sentir miserable por no ser abierto y hablar de ello.

Sigue haciendo sentir la culpa en usted, independientemente de la dirección de los pensamientos y acciones de la otra persona. De una forma u otra, encuentra razones para hacerle sentir culpable. Cualquier cosa que decidan hacer está mal. Independientemente de los problemas que la otra persona pueda tener colectivamente, un manipulador emocional siempre le hará sentir que es sólo culpa suya. Los manipuladores culpan a la gente de todo lo desafortunado que ocurre en su vida y construyen un fuerte sentimiento de culpa en su interior. Si quiere conseguir que la gente haga lo que usted quiere, induzca un sentimiento de culpa y arrepentimiento. La culpa es una de las fuerzas de manipulación más fuertes que impulsan a las personas a profundizar y ceder a lo que usted desea que hagan.

Los manipuladores emocionales se aprovechan de sus víctimas haciéndose pasar por ellas. Hacen creer a sus víctimas que la culpa es siempre suya, independientemente de si son realmente responsables o no. La culpa siempre se asigna a la víctima y el manipulador se hace pasar por ella. Esto se hace con el fin de desplazar la responsabilidad de las deficiencias del manipulador para culpar a la víctima, lo que se hace con la intención de inducirla a la culpa. Cuando la víctima se siente culpable de la situación desagradable, es más sencillo para el manipulador conseguir que tome la acción deseada.

Los manipuladores se concentran en cómo la otra persona les hizo hacer algo o cómo es la culpa de la otra persona por la que ellos (los manipuladores) están sufriendo. Siempre es la otra persona la que hace que el manipulador esté enfadado, herido y molesto. Como manipulador, rara vez acepta la responsabilidad de sus propias acciones.

Veamos un ejemplo para ilustrar mejor esta estrategia de manipulación emocional. Su pareja está enfadada con usted por haber olvidado su aniversario. Lo razonable sería disculparse por la metedura de pata y compensarle más tarde con una sorpresa o un buen regalo. Sin embargo, los manipuladores recurren al juego de la culpa. La culpa se invierte en dirección a la otra persona. Se hace que la otra persona se sienta culpable por haberle hecho sentir tan mal por haber olvidado un aniversario. Se tiende a introducir un sentimiento de culpa para que la otra persona haga lo que tú quieres.

Así que para justificar el olvido de su aniversario ante su pareja e inducir un sentimiento de culpa, puede hablar de lo estresado, cansado, ocupado y agotado que ha estado, y de lo desconsiderado que es por su parte culparte de olvidar un aniversario cuando últimamente ha estado trabajando muy duro en un proyecto. En efecto, hemos hecho que la otra persona se sienta culpable por una expectativa razonable. Se le da la vuelta a la tortilla para que no asuma la culpa de haber olvidado el aniversario.

Sin embargo, los manipuladores empedernidos no se detendrán allí, sino que irán un paso más allá y repasarán todos los casos en los que la otra persona ha olvidado ocasiones importantes en un intento de justificar sus propios olvidos. Hace sentir a la otra persona que es realmente su culpa por esperar que recuerde todas las fechas cuando está estresada con el trabajo. Actúa como una especie de justificación de sus olvidos. Los maestros de la manipulación saben cómo tejer un sentimiento de culpa en la conciencia de la otra persona para llevarla a realizar la acción prevista. Utilizan generosamente la culpa y el sentimiento de culpabilidad para satisfacer sus necesidades.

Por ejemplo, supongamos que una persona saca a relucir algo que le ronda por la cabeza desde hace tiempo. Lo más probable es que los manipuladores les hagan sentir que están haciendo una montaña de un grano de arena, y que no es gran cosa. Hacen que la otra persona se sienta culpable por hacer un problema de un asunto aparentemente sin importancia. En lugar de aceptar sus problemas y comprometerse a trabajar en ellos, se da la vuelta a la tortilla para que la otra persona se sienta culpable por mencionar el problema o sus verdaderos sentimientos. Esta técnica de manipulación se utiliza sobre todo en las relaciones personales, cuando una persona se abre a la otra, y ésta le devuelve la palabra y le culpa por sacar a relucir algo tan trivial.

Hace que la otra persona se sienta culpable de todo lo que hace. Si permanece en silencio, le acusa de no compartir sus sentimientos o de no confiar en usted para resolver sus problemas. Si resulta que comparte sus sentimientos, le culpa de crear problemas donde no los hay. Hay una constante agitación de la culpa para hacer sentir a la otra persona que siempre tiene la culpa para cumplir con su propia agenda.

Todas las acciones de la otra persona se le atribuyen o se presentan/posicionan como su culpa hasta que se ajustan a su agenda. Al mismo tiempo, se pone en el papel de la desafortunada víctima. Inducir un sentimiento de culpa es, de hecho, una de las estrategias de manipulación más poderosas para conseguir que alguien le obedezca. Esto es aún más efectivo en personas que sufren de baja autoestima o niveles reducidos de confianza en sí mismos.

Por ejemplo, si quiere que alguien realice la acción deseada, enumere con confianza una lista de favores que le haya hecho o todos los casos en los que se ha desvivido por ayudarle. A continuación, explique cómo se ha sentido defraudado cada vez que esperaba algo de ellos. Se convierte en una víctima proyectada que hizo todas las cosas maravillosas para ayudarles en su momento de necesidad, y ellos se convierten en los seres ingratos que no hacen frente a sus necesidades cuando se les exige. Esto está jugando sutilmente en la mente de las víctimas para hacerles pensar que no están devolviendo el favor o siendo ingratos.

Los manipuladores suelen conseguir que la otra persona haga lo que ellos quieren diciendo algo como: "Está bien Roger, no puedo esperar nada más de ti. Es realmente mi culpa que siga esperando mucho de ti y de nuestra relación". Esto induce un sentimiento de culpa en la otra persona, como si estuviera decepcionando al manipulador, lo que puede ser o no el caso. Le está diciendo que siempre le está decepcionando y que no puede esperar nada más de él.

¿Ha observado alguna vez cómo jugamos a la manipulación e introducimos un sentimiento de culpa en nuestras relaciones personales muchas veces? Fíjese en cómo las personas mayores hacen que sus hijos experimenten un sentimiento de culpa al mencionar que éstos nunca tienen suficiente tiempo para ellos.

Cuando los adolescentes piden permiso a sus padres para hacer salidas nocturnas y llegar tarde a las fiestas y se les niega, se quejarán de que los padres no les dejan vivir su vida o de que son demasiado asfixiantes, sobreprotectores y dominantes. Hablarán de que, tarde o temprano, tendrán que negociar con el mundo que les rodea sin que sus padres estén cerca para protegerles todo el tiempo.

Todos conocemos a esa persona que siempre está culpando a otras personas o a las circunstancias de sus defectos. Utilizarán estratégicamente su sensación de impotencia para conseguir que la otra persona realice la acción deseada. Los manipuladores dan a los demás la impresión de que ellos (la otra persona) han decidido su destino (el del manipulador) a través de sus acciones y elecciones, a menudo de forma negativa. Entonces harán sentir a la víctima que ahora es responsable de los males del manipulador y que debe reparar el daño.

Las víctimas comienzan a aceptar esta noción de que son responsables de una situación negativa creada para el manipulador y a menudo responden afirmativamente a la petición del manipulador de compensar lo aparentemente negativo que se les ha hecho creer que han hecho. El manipulador se posiciona como alguien que necesita ayuda y está condenado si no recibe la ayuda oportuna. La otra persona se siente fatal y acaba haciendo lo que quiere porque, en cierta medida, se siente responsable de su impotencia o de su desafortunada situación.

4. Hágase la víctima. En lo que respecta a la manipulación emocional, nada de lo que ocurre es nunca un error tuyo. Independientemente de sus acciones, siempre culpe a otro de sus fallos.

Insista en que le obligaron a hacer algo. Si se enfadan o se sienten heridos, usted es el responsable de crear expectativas poco razonables. Si se enfadan o molestan, usted es el responsable de herirlos. No hay ninguna responsabilidad por ninguna acción.

Por ejemplo, si una persona se olvida del cumpleaños de su pareja, y ésta se enfada por ello, generalmente se disculpará y prometerá arreglarlo en el futuro. Sin embargo, una persona emocionalmente manipuladora no se limitará a negar que es su culpa; también hará que su pareja se sienta desgraciada por culparla.

Se desprenderán de lo estresados que han estado hasta tarde debido a algo que la pareja ha hecho y que es imposible que recuerden. El manipulador irá un paso más allá y le recordará casos en los que ha olvidado algo importante para justificar su culpa.

5. Los manipuladores emocionales esperan demasiado, demasiado pronto. Desde una relación interpersonal hasta una asociación empresarial, los manipuladores emocionales siempre toman la autopista, mientras pasan por alto algunos pasos en el camino. Pueden compartir demasiado al principio de una relación y esperar que la otra persona haga lo mismo.

Su vulnerabilidad, transparencia y sensibilidad son una astuta treta. Se trata de una farsa "especial" para hacerle sentir parte de su círculo íntimo. Lenta e insidiosamente, no sólo se sentirá apenado por sus sentimientos, sino también responsable de ello.

6. Los manipuladores emocionales menosprecian su fe en la comprensión de la realidad. Estas personas, hay que reconocerlo, son unos mentirosos y tramposos excepcionalmente hábiles. Insistirán con seguridad en que algo ha ocurrido cuando no lo ha hecho y negarán que haya ocurrido cuando sí lo ha hecho. Lo hacen de una manera tan tortuosa y solapada que empiezas a cuestionar su propia cordura.

Por ejemplo, si sospecha de su pareja y le enfrenta a ello, la pareja emocionalmente manipuladora lo negará rotundamente (aunque sea la verdad), y a su vez le hará sentir como una persona loca y desconfiada que no tiene control sobre la realidad.

Aunque su sospecha no es infundada, le hará sentir culpable por espiar y no confiar en su pareja. Llegará un punto en el que empezará a cuestionar su propia naturaleza sospechosa y su cordura. Estoy seguro de que muchos de ustedes están asintiendo con la cabeza a esto!

Sé que a estas alturas ya ha identificado a esas personas y relaciones y lo más probable es que ni siquiera fueras consciente de esas tácticas sarcásticas e insidiosas cuando nos manipulaban.

7. Todo el mundo debe sentirse como ellos. Vaya, esta es otra técnica de manipulación emocional solapada que se utiliza para absorber a otras personas en su estado emocional. El manipulador emocional quiere que todos se sientan como ellos. Si están de mal humor, todo el mundo a su alrededor debe ser consciente de ello.

Sin embargo, la cosa no acaba ahí. No sólo todos deben saber cómo se sienten, sino que también deben ser absorbidos por el estado emocional del manipulador. Cualquier cosa que otras personas estén sintiendo o experimentando debe ser bajada y deben coincidir instantáneamente con la frecuencia emocional del manipulador. Esto hace que las personas a su alrededor sientan que son responsables de los sentimientos del manipulador emocional, y que sólo ellos deben arreglarlo.

8. El afán de ayudar se convierte en una carga más tarde. Los manipuladores emocionales se ofrecerán a ayudar inicialmente (y con bastante entusiasmo) sólo para quedar como mártires después. Actuarán como si lo que inicialmente aceptaron hacer fuera una enorme carga.

Si les recuerda que se comprometieron con la tarea, se darán la vuelta y le harán sentir como un paranoico a pesar de que parezcan deseosos de ayudar. ¿El objetivo? Inducir un sentimiento de culpa, sentirse obligado hacia ellos y probablemente incluso cuestionar su cordura.

9. Juegos de superioridad. Independientemente de la intensidad de sus problemas y desafíos, siempre harán ver que sus problemas son mucho peores. Intentarán socavar la autenticidad de sus problemas reforzando constantemente lo grandes que son sus problemas o desafíos.

Le harán sentir culpable por quejarse de cosas "triviales" cuando ellos se enfrentan a problemas serios. ¿El objetivo? Que no tenga ningún motivo para quejarse de lo 'no serio', mientras que ellos tienen todo el derecho a seguir recordándole sus problemas 'serios'. En otras palabras, quieren que se calle y deje de quejarse de sus problemas, y que siempre esté por encima de ellos en cualquier situación.

10. Conocen sus botones emocionales y saben cómo pulsarlos a voluntad. Todos tenemos nuestros puntos débiles emocionales. Los manipuladores emocionales conocen hábilmente sus puntos débiles y no dudan en utilizarlos para servir a sus propios objetivos siniestros. Utilizarán el conocimiento de sus puntos débiles en su contra.

Por ejemplo, si está inseguro de su aspecto, le harán comentarios sarcásticos sobre todo, desde su ropa hasta su peso. Si está preocupado por un discurso, se aprovecharán de sus miedos diciéndole lo duro, exigente y crítico que es el público. Utilizan el conocimiento de sus emociones no para hacerle sentir mejor, sino para manipularle para que se sienta peor.

11. Los manipuladores emocionales utilizan el humor para atacar sus debilidades percibidas y quitarle poder o hacerle sentir inadecuado. Fíjese en cómo algunas personas hacen continuamente comentarios críticos o sarcásticos sobre su pareja o amigo, a menudo con el disfraz de humor. La idea es hacer que la otra persona se sienta inadecuada, inferior o insegura.

Los manipuladores emocionales intentan quitarle poder a la persona jugando con sus debilidades percibidas. Los comentarios abarcan todo, desde el aspecto de la persona hasta su viejo teléfono o sus habilidades. Hacen comentarios sarcásticos y aparentemente divertidos sobre todo, incluido el hecho de que haya llegado 30 segundos tarde.

La idea es hacerle quedar mal y sentirse peor contigo mismo. De este modo, el manipulador trata de ganar dominio psicológico sobre usted, desgraciadamente sin que se dé cuenta (ahora sí, ¿verdad?). El hecho de socavarle hace que se perciba como inferior, lo que automáticamente les da la tan necesaria superioridad psicológica.

12. Los manipuladores emocionales le juzgan y critican constantemente para hacerle sentir inferior. En el ejemplo anterior, vimos cómo los manipuladores utilizan técnicas encubiertas para restarle poder disfrazando sus comentarios sarcásticos de humor. Sin embargo, en este caso, el manipulador emocional le desprecia, margina, critica y ridiculiza abiertamente en un intento de conseguir una superioridad psicológica sobre usted.

Su premisa es que si le hacen sentir inadecuado y desequilibrado, sus posibilidades de conseguir que haga lo que ellos quieren aumentan. Dejará de creer en sus capacidades, su cordura y su valía, lo que les ayudará a ejercer un mayor control sobre sus pensamientos, emociones y acciones.

El agresor emocional fomentará intencionadamente la sensación de que algo no va bien en usted y que, por mucho que se esfuerce, no será lo suficientemente bueno. De manera significativa, el manipulador emocional enfatizará los puntos débiles sin ofrecer soluciones constructivas o positivas ni ayudarle de manera significativa a superar los aspectos negativos.

13. Los manipuladores emocionales le darán el tratamiento de silencio. Otro arte que los manipuladores emocionales han

dominado es el de dar a las personas el tratamiento de silencio para presionarlas a hacer lo que el manipulador quiere. Le harán esperar intencionadamente y sembrarán semillas de duda, inseguridad e incertidumbre en su mente. Los manipuladores emocionales utilizan el silencio como palanca para conseguir que haga lo que ellos quieren, manteniéndole emocionalmente privado o inseguro.

Estar en el extremo receptor del tratamiento silencioso es una señal de advertencia de que está tratando con un manipulador emocional. Es un tipo de abuso emocional mediante el cual se demuestra el desprecio a través de actos no verbales como permanecer en silencio o retirar toda comunicación.

El tratamiento silencioso se utiliza como herramienta para incitar a sus víctimas a hacer algo específico o hacerlas sentir inadecuadas por la negativa a reconocer su presencia. Si sus acciones no coinciden con lo que el manipulador quiere que haga, utilizará el tratamiento silencioso para comunicar su decepción y castigar a sus víctimas.

14. Jugar a fingir. Sí, ellos también pueden hacerse los bobos siempre que sea necesario. Fingirán que no entienden lo que quiere exactamente o lo que desea de ellos. Este es uno de los trucos pasivo-agresivos, donde la responsabilidad debería ser de ellos, se convierte en la suya. Así, la carga de lo que es esencialmente su responsabilidad se echa sobre sus hombros. Esto lo suelen utilizar las personas que intentan ocultar algo o evitar una obligación.

15. Raising your voice and showing negative emotions. Some emotional manipulators know how to use the power of their voice and body language to coerce you into meeting their demands.

A menudo levantan la voz como un tipo de manipulación agresiva con la creencia de que si suenan lo suficientemente intimidantes con su voz, tono y lenguaje corporal, invariablemente se someterá a sus demandas. La voz agresiva se combina a menudo con un lenguaje corporal intimidatorio, como gestos exagerados y la postura de pie, para aumentar el efecto de sus acciones manipuladoras agresivas.

16. Sorpresas negativas como norma. ¡Whoa! ¿No saben estas personas cómo desequilibrarte con sus sorpresas negativas en un intento evidente de obtener una ventaja psicológica sobre ti? De repente aparecerán con alguna información sobre que no pueden hacer algo o cumplir un compromiso como prometieron.

Por lo general, la información negativa se lanza sobre usted sin ninguna advertencia previa para cogerle desprevenido. No le queda tiempo para idear una contra-movida. Los manipuladores emocionales son lobos con piel de cordero y no escatimarán una sola oportunidad para causarte malestar, daño o perjuicio si se interpone.

Capítulo 2: Técnicas de manipulación encubierta

Reconocer las tácticas de manipulación encubierta es complicado porque, a diferencia de la manipulación abierta, éstas no son obvias ni están a la vista. Suelen ser técnicas solapadas para tratar de obtener el control de los pensamientos, sentimientos y decisiones de la víctima. Su objetivo es derribar el sentido de autoestima de la persona y destruir su creencia en sus percepciones. Cuando aprende el juego del manipulador, puede jugarlo mejor que ellos.

La manipulación socava la capacidad de la víctima para tomar decisiones conscientes y actuar de acuerdo con sus intereses. En su lugar, se convierten en meras marionetas en manos de otra persona. Los manipuladores no valoran los valores, deseos y límites personales de las personas. En pocas palabras, le obligarán a hacer algo que normalmente no haría.

Entonces, ¿cuáles son las tácticas de manipulación encubierta más utilizadas y cómo las detecta en su vida cotidiana? Siga leyendo para descifrar los juegos de manipulación encubierta de la gente. Aunque puede utilizarlas como estrategias de manipulación para conseguir que la gente haga lo que usted quiere, asegúrese de no utilizarlas en exceso o de intentar darles un giro lo más positivo posible.

1. Crear una falsa sensación de intimidad. ¿Se ha dado cuenta de que la gente comparte constantemente información íntima sobre sí misma en las primeras etapas de una relación? Hablarán de su familia, de sus antecedentes y de sus vidas (a menudo se presentan

como víctimas de circunstancias) en un intento de ganarse su simpatía, al tiempo que crean una ilusión de intimidad.

2. Introducir a otras personas en el cuadro en un intento de hacerle sentir inseguro. De nuevo, algunas personas siempre intentan crear una sensación de inseguridad o incomodidad en sus víctimas introduciendo a otras personas en el panorama. Por ejemplo, su pareja puede hablar de encontrarse con una exnovia/novio o un buen amigo para hacerle sentir inseguro.

Por supuesto, no todos los que se reúnen con amigos o exparejas están siendo manipuladores. Sin embargo, los manipuladores encubiertos utilizan constantemente esta táctica de introducir a otras personas en el panorama para desestabilizar a su pareja. Cuando una persona intenta poner a otras personas en su contra para hacerle sentir inadecuado, puede estar seguro de que se trata de una táctica de manipulación encubierta.

3. Otra técnica de manipulación encubierta es el "pie en la puerta", que es bastante fácil de reconocer. Consiste en hacer una pequeña petición a la que la víctima accede, a la que sigue la petición realmente prevista. Es más difícil de rechazar una vez que la víctima dice estar de acuerdo con la petición inicial.

La técnica del pie en la puerta, como su nombre indica, tiene como objetivo meter el pie en la puerta hasta que uno se encuentre cómodamente posicionado o colocado para pedir lo que quiere que haga la otra persona. Se remonta a la época en que los vendedores puerta a puerta colocaban el pie en la puerta para evitar que los posibles compradores se dieran un portazo en la cara. Colocar el pie en la puerta les ofrecía más tiempo para mantener la conversación y, en última instancia, realizar una venta. Esta ingeniosa estrategia de manipulación se utiliza eficazmente en todos los ámbitos, incluso hoy en día.

¿Cómo puede utilizarse eficazmente la estrategia de manipulación del pie en la puerta en el escenario actual?

Es igual de sencillo y eficaz, sólo que ahora está avanzando en la mente de una persona en lugar de en su puerta. Empiece por establecer una relación con la persona. Intente romper el hielo haciendo una pequeña petición. Recuerde que la clave es hacer una pequeña petición que la otra persona pueda cumplir fácilmente. En realidad, lo que está haciendo es meter el pie en la puerta para desarrollar una relación con la persona y conseguir que conceda una petición mayor o real más adelante. Si pide directamente lo que realmente quiere que hagan por usted, es posible que se nieguen. Empiece con una petición que no sea demasiado difícil de cumplir para la otra persona. Vaya al grano poco a poco y con constancia. Pase a la petición real de forma lenta y sutil.

Se trata de conseguir que la persona diga una serie de "sí" en una secuencia antes de pasar al asesinato real. Esto reducirá psicológicamente las posibilidades de que la persona rompa el patrón y diga que no para la petición final o real. Precisamente por eso, los psicólogos y expertos en comportamiento instan a los vendedores a formular a sus clientes potenciales varias preguntas que den como resultado un "sí". Según las investigaciones en el campo de la psicología y las ciencias del comportamiento, si un cliente potencial responde afirmativamente a seis preguntas en una secuencia, hay más posibilidades de que compre su producto/servicio o realice la acción deseada.

Utilice esta información en su favor formulando seis preguntas en serie a las que es más probable que respondan afirmativamente. La estrategia funciona a nivel subconsciente y merece la pena probarla.

Lanzamos una secuencia de respuestas positivas que hacen casi imposible que la mente subconsciente de la otra persona rechace nuestra petición final. Una vez que la persona inicia un bucle de respuesta a sus peticiones de forma positiva, subconscientemente se hace difícil romper el patrón, y ofrecer de repente una respuesta negativa.

Esto es exactamente lo que hacían los vendedores de antes. Ponían el pie en la puerta y se ofrecían a sí mismos 3-4 minutos extra con los clientes potenciales para construir el impulso de la venta, desarrollar la relación y hacer una venta. Ahora pensemos en la misma estrategia en el entorno actual. ¿Cómo se da a sí mismo esa pequeña apertura que eventualmente puede aprovechar haciendo que la gente haga lo que usted desea?

Tomemos un ejemplo para entender cómo se puede aplicar esta manipulación o persuasión en el escenario actual. Jane está terminando el proyecto que le exige construir una maqueta de los nueve planetas. Le pide a su madre que le ayude creando un modelo aproximado para el proyecto de los nueve planetas. Por supuesto, su madre hace el boceto, reúne todos los materiales necesarios para construir la maqueta y lo tiene todo listo para que Jane haga su proyecto. A continuación, Jane le pide a su madre que junte todas las piezas. Ella hace lo que le pide. Finalmente, la madre de Jane termina de hacer todo el encargo sin ninguna aportación o esfuerzo por parte de Jane. Jane utilizó la estrategia del pie en la puerta para manipular a su madre para que completara su proyecto por ella en lugar de pedírselo directamente al principio. Si Jane le hubiera pedido directamente a su madre que completara el proyecto, ésta se habría negado en redondo. Sin embargo, consiguió que su madre dijera una serie de "sí" con pequeñas peticiones que finalmente terminaron con su madre completando todo el proyecto.

Esta técnica de manipulación y persuasión fue estudiada por primera vez por Fraser y Freeman durante el siglo XX. El objetivo es conseguir que la gente responda o acepte una pequeña y sencilla petición que conduzca a un "sí" mayor. El dúo de psicólogos se dio cuenta de que una vez que la gente accede a una petición aparentemente pequeña, aumentan las posibilidades de que respondan afirmativamente a peticiones mayores. En este ejemplo, Jane consiguió que su madre terminara toda la tarea juntando varias partes de la misma y consiguiendo que aceptara cada una de estas pequeñas tareas o peticiones. Una vez acordada la pequeña petición inicial de crear un boceto para el modelo, Jane pudo conseguir que su madre cumpliera su petición más grande. Este no habría sido el caso si hubiera pedido a su madre que completara todo el proyecto desde el principio.

Al utilizar la estrategia del pie en la puerta, asegúrese de que la petición es lo suficientemente pequeña como para que la gente no responda de forma negativa. Al mismo tiempo, debe ser lo suficientemente importante como para que la otra persona sienta que ha hecho una buena acción al responder a su petición de forma positiva. Haga que la petición sea positiva para que los demás no piensen que no vale la pena cumplirla. Asegúrese de que la petición es algo que la persona estará dispuesta a hacer sin muchas influencias externas como recompensas o presiones.

Si alguien rechaza la petición real, dará la impresión de ser alguien que accede a algo que no tiene intención de hacer. Cuando se opongan a la petición real, rápidamente cambiarás las tornas para aparecer como la parte agraviada. Deja de tratarse de sus exigencias, ya que ahora es usted el perjudicado. El foco de atención se desplaza a sus quejas y ellos se colocan ahora a la defensiva. A veces, las advertencias y la preocupación por su bienestar se ocultan hábilmente como una preocupación. Los manipuladores siempre intentan socavar las elecciones y decisiones de la otra persona en un intento de sacudir su confianza en sí misma o su sentido de la autoestima. Una vez más, esta técnica de manipulación debe utilizarse con suficiente precaución y cuidado.

4. "Snakes in Suits" - En su publicación Snakes in Suits, Robert Hare y Paul Babaik aconsejan que la gente se proteja de los manipuladores que ofrecen cumplidos fuera de lugar y excesivos. Es una gran bandera roja de manipulación. Concéntrese en lo que sigue. Siga preguntándose, ¿qué quiere exactamente esta persona de mí?

5. Forzar el trabajo en equipo. ¿Se ha dado cuenta de que algunas personas siempre están creando una sensación forzada de espíritu

de equipo o de propósito compartido donde no existe? Las frases típicas que utilizan son: "somos un solo equipo", "¿cómo manejamos esto como equipo?", "ya lo hemos hecho", etc. Supuestamente, intentan dar la impresión de que ambos están involucrados en algo como un equipo.

En una situación así, ¿cómo puede saber si la persona le está ayudando de verdad o simplemente intenta manipularle? ¿Siente una extraña sensación de incomodidad al aceptar su ayuda? ¿Son sus palabras congruentes con su lenguaje corporal? (más adelante hablaremos del lenguaje corporal) ¿Le da la persona la opción de rechazar la ayuda? ¿Se toma su negativa con el espíritu adecuado? Si la respuesta es negativa, es posible que esté tratando con un manipulador encubierto, que intenta manipularle bajo la apariencia de ofrecerle ayuda.

6. Primera impresión halagadora. Los manipuladores experimentados suelen causar una primera impresión estelar. Utilizan un montón de características seductoras como modales impecables, aspecto atractivo, sonrisa carismática y cortesía para despistar a sus víctimas sobre sus verdaderas intenciones. Sí, existen más allá de las películas, en las que los estafadores se muestran como esos personajes estereotipados con una personalidad y una lengua deslumbrantes.

Con los manipuladores, lo que aparece a simple vista no es la verdad. Sin embargo, con el tiempo y la observación, se dará cuenta de las grietas en sus máscaras hábilmente usadas. Cuando se vuelve realmente sádico, utiliza el silencio para torturar a sus víctimas. Por ejemplo, un compañero de trabajo habla con todo el mundo en el trabajo pero le ignora o se niega a mantener cualquier conversación con usted.

7. Los manipuladores encubiertos aparentan ser desinteresados manteniendo sus verdaderas intenciones, ambiciones, objetivos y agendas astutamente ocultas. Sus verdaderas intenciones se ocultan bajo el disfraz de una causa desinteresada. Esto es difícil de

identificar. Estas son las personas que actuarán como si estuvieran trabajando duro en nombre de otra persona mientras ocultan su verdadera ambición de poder y dominio sobre los demás.

Por ejemplo, un manipulador encubierto dará a su jefe la impresión de que está dispuesto a hacer horas extra de trabajo cuando el jefe está de vacaciones solo para cumplir su ambición de acabar ocupando el puesto de jefe.

8. Iluminación con gas. El término "luz de gas" como técnica de manipulación encubierta proviene de la obra de teatro del mismo nombre, que posteriormente se adaptó al cine. También se ha utilizado en la literatura y en la investigación psicológica.

Utilizando la técnica de la luz de gas, un manipulador tergiversará la realidad para cumplir sus objetivos. Independientemente de la verdad, tiene trucos bajo la manga para hacerle creer que la culpa es suya por no ser capaz de percibir las cosas correctamente. Está tan arraigado en su mente que deja de confiar en sus percepciones y, en cambio, acepta la versión artificiosa de la verdad del manipulador. La técnica pretende que se sienta tan incompetente mentalmente que deje de confiar en su versión de la realidad. Llega a un punto en el que si alguien intenta cuestionar sus percepciones, desconfíe de él.

9. Racionalización. La racionalización es una técnica mediante la cual el manipulador ofrece alguna forma de justificación para una acción hiriente, ofensiva o inapropiada. Lo que hace que esta técnica sea tan difícil de detectar es que la explicación ofrecida suele tener suficiente sentido para que cualquier individuo razonable se la crea.

La racionalización cumple tres propósitos fundamentales, entre ellos, eliminar la resistencia que los manipuladores puedan tener sobre su acción inapropiada, evitar que los demás les señalen con el dedo y ayudar al manipulador a justificar sus acciones a los ojos de la víctima.

Los manipuladores que utilizan la racionalización suelen comportarse de forma muy afectuosa a veces y luego, de repente, se muestran distantes o fríos. Cuando la víctima se cansa de su comportamiento y se enfrenta a ellos o los evita, lo más probable es que griten o lloren y mencionen cómo han estado deprimidos o disgustados últimamente y cómo es una persona tan mala por enfrentarse a ellos sobre su comportamiento aparentemente inapropiado cuando es usted quien se está comportando insensiblemente.

Le conmoverán hasta las lágrimas con lo estresante que es su vida, incluso se disculparán por ello a veces. Sin embargo, a los pocos días, repetirán el patrón. Los manipuladores son extraordinarios intérpretes. Pueden interpretar el papel de víctima con facilidad. Pueden fingir emociones, llorar a voluntad, reírse cuando quieren y fingir que están tristes o felices a petición. Examina con atención los actos de las personas que "te quieren" o que siempre intentan ganarse la simpatía.

10. 10. El análisis de los problemas y el desplazamiento de la meta. La diferencia entre la crítica positiva y la crítica negativa/destructiva es que un manipulador vendrá con normas casi impracticables y ataques personales. Estos autoproclamados críticos pretenden ayudar a su desarrollo, cuando en realidad no quieren verle mejorar. Simplemente operan con la intención de criticarle, hundirle y convertirle en un chivo expiatorio de todas las maneras posibles.

Los manipuladores encubiertos son maestros en el arte de "mover los postes de la portería" para asegurarse de que nunca les falten razones para sentirse decepcionados contigo. Incluso cuando presenta pruebas para validar su postura o actúa para cumplir con su petición, se les ocurrirá otra expectativa elevada para que la cumpla o le pedirán más pruebas para validar su argumento. Sí, ¿quién dijo que tratar con manipuladores era fácil?

Por ejemplo, pueden empezar por meterse con usted por no tener una carrera de éxito. Cuando tenga una carrera exitosa, le cuestionarán por no ser aún multimillonario. Cuando esa expectativa se cumpla, le exigirán por qué su vida personal y laboral nunca está equilibrada. Los postes de la meta seguirán cambiando y las expectativas aumentarán en un intento de hacerle sentir incompetente de una u otra manera.

Una de las formas más sencillas de detectar a un manipulador es observar si le inculca constantemente una sensación de indignidad o si siempre le hace sentir que lo que hace nunca es lo suficientemente bueno. Una persona auténtica o constructiva nunca le inducirá una sensación de indignidad. Le señalarán suavemente sus limitaciones y a menudo le sugerirán formas de superarlas. Los manipuladores, por el contrario, nunca ofrecerán sugerencias para ayudarle a superar sus limitaciones.

Si una persona le critica constantemente sin ayudarle a superar el problema o las limitaciones de forma significativa, lo más probable es que sea víctima de una manipulación encubierta. Lo presentarán astutamente como una crítica constructiva, aunque sólo sea una crítica puntillosa sin ofrecer soluciones.

Si una persona sigue exigiendo más pruebas para validar sus argumentos o sigue aumentando sus expectativas, es evidente que su objetivo no es comprenderte mejor. Lo que pretende es provocarle una sensación de incapacidad o de que tiene que seguir demostrándose a sí mismo todo el tiempo.

11. No pedir disculpas. Los manipuladores encubiertos rara vez se disculpan por sus acciones. En su lugar, negarán, mentirán o cambiarán la culpa para evitar aceptar la responsabilidad de su acto. Tenga en cuenta esta técnica de manipulación encubierta examinando si la persona se disculpa y acepta la responsabilidad de sus errores.

Si una persona le hace sentir constantemente que está exagerando las cosas o que reacciona de forma exagerada en lugar de disculparse, lo más probable es que esté tratando con un manipulador encubierto. Los manipuladores tienen una fuerte necesidad de tener la razón, incluso a costa de enmendar la relación. Ocultar las disculpas no es más que otro mecanismo de control para ellos.

12. Socavar su éxito. Una vez tuve un amigo al que su pareja le hacía sentir constantemente culpable por tener éxito. Él estaba creando un futuro prometedor para ellos y sus futuros hijos, pero ella le hacía sentir constantemente mal por el hecho de que trabajaba tanto y apenas tenía tiempo para ella. Le acusaba de ser egoísta y de pensar sólo en sus objetivos, cuando en realidad estaba construyendo un futuro para su familia.

Cuando le cuenta a su pareja o a un amigo íntimo sobre un ascenso o una nueva oferta de trabajo, ¿cómo suelen reaccionar? Deberían alegrarse de que progrese en la vida. Los que se preocupan de verdad por usted querrán verle triunfar. Los manipuladores tratarán constantemente de minimizar y socavar su éxito. Siempre encontrarán alguna forma de infundir negatividad en cualquier forma relacionada con su historia de éxito. Esto surge de una clara sensación de inseguridad de que ahora se está volviendo más autosuficiente y ya no los necesitará.

La sensación de que cuanto más éxito tenga, menos podrán controlarle los lleva a comportarse de forma irracional. Así, le harán sentir miserable por su éxito. A veces, incluso se enfadan sin motivo aparente. Una de sus mayores preocupaciones es que la independencia financiera le dará la capacidad de sobrevivir sin su ayuda. Esta perspectiva puede resultar amenazante para una persona que está acostumbrada a que su amigo o pareja dependa excesivamente de él.

13. 13. Ciclo de miedo y alivio o uso del miedo seguido del alivio.

Esta es otra estrategia de manipulación encubierta que se utiliza en una variedad de entornos, popularmente utilizada por los anunciantes, los gerentes de marca y los vendedores para persuadir a su grupo de consumidores objetivo a tomar la acción deseada a favor de sus productos o servicios. ¿Cómo funciona la cadena de miedo y alivio? Básicamente, actúa en un nivel psicológico que hace que todo el proceso sea eficaz.

Esta técnica de manipulación encubierta consiste en jugar con los miedos de la otra persona para conseguir que tome la acción requerida a su favor. Se introduce una sensación de miedo y se le hace pensar en lo peor que puede ocurrir en una determinada situación. A continuación, se ofrece una sensación de alivio. La persona experimentará una gran sensación de alivio y positividad que le ayudará a tomar una decisión rápida para cumplir con su agenda.

Veamos un ejemplo. Comience diciendo algo como: "Cuando me puse tus pendientes en la fiesta la otra noche, oí un chasquido. Estaba seguro de que el pendiente se había roto. Más tarde, me di cuenta de que, en realidad, mi hermana estaba viendo un vídeo en su tableta. ¿No es gracioso? Eso me recuerda que me puedes prestar esos preciosos pendientes de nuevo para un próximo evento".

¿Qué acaba de hacer? Ha llevado a la persona a través de una curva de miedo seguida de alivio para provocar un rápido cambio en sus emociones a nivel psicológico que le ayude a actuar en la dirección deseada. La otra persona siente un gran alivio al saber que no le ha pasado nada a sus pendientes y que se encuentra en un estado adecuado. Entre en un estado mental más receptivo, flexible y positivo, lo que hace que sea más sencillo para usted conseguir que haga lo que desea.

Empiece por sembrar semillas de inseguridad y miedo en la otra persona. Haga que se imagine lo peor que puede pasar en esa situación. A continuación, siga con tacto aportando una solución o sumergiéndose en una narración sobre cómo las cosas no eran tan malas como la otra persona pensaba o imaginaba. Una vez que la persona se dé cuenta de que las cosas no son tan desafortunadas como había imaginado, será más fácil conseguir que se ponga en un estado de ánimo más receptivo y agradable. El rápido torbellino de emociones que se produce en la montaña rusa facilita que la otra persona se ponga en un estado de ánimo más positivo una vez que se le ofrece algo de esperanza para combatir su miedo. Esta positividad puede utilizarse para conseguir que hagan lo que usted quiere.

Piense en el impacto que tiene la persona a nivel psicológico. La víctima pasa por un ciclo o patrón de emociones poderosas. El miedo es una emoción enorme que es capaz de hacer que la gente tome muchas acciones rápidas. Sin embargo, debe utilizarse con moderación. Más allá de un punto, si la gente se da cuenta de que simplemente usas el miedo como una herramienta para manipularlos, dejarán de responder a él. El miedo hace que la gente se sienta incómoda y nerviosa. A esto le sigue inmediatamente el positivismo, una enorme sensación de alivio y una esperanza instantánea.

Veamos otro ejemplo para entender cómo un mercado impulsado por el consumo utiliza esta estrategia de manipulación al máximo cuando se trata de conseguir que la gente tome decisiones relacionadas con la compra. Casi todos los vendedores de seguros utilizan el ciclo de alivio del miedo en sus clientes potenciales para conseguir que les compren un seguro. Les transmiten una sensación de miedo, estrés, pánico y ansiedad para informarles de que sus objetos de valor siempre corren el riesgo de perderse o destruirse en varias circunstancias desafortunadas. Hablarán de robos, incendios, atracos y otras situaciones desafortunadas en las que sus objetos de valor pueden perderse, destruirse o ser robados. A continuación, le propondrán una solución: contratar una póliza de seguro para no sufrir pérdidas económicas. Esta técnica de ciclo de miedo-alivio genera cierta esperanza, certeza, seguridad y alivio en la persona para llevarla a tomar una decisión de compra rápida.

Piensan que la póliza es la solución o el rayo de esperanza cuando se trata de proteger el valor de sus objetos de valor.

14. Pida mucho y reduzca la escala. Es lo contrario de la técnica del pie en la puerta. En la jerga psicológica, también se conoce como la técnica de la "puerta en la cara". Comience haciendo una petición ridícula e irracional a alguien (que está garantizado que rechazará). Más tarde, vuelve y pide algo mucho más factible y menos ridículo (lo que buscaba en primer lugar).

Puede parecer una locura, pero la idea es hacer que la otra persona se sienta arrepentida de haber rechazado su petición inicial (aunque sea obviously ridícula). La próxima vez que se le ocurra algo más razonable, la persona se sentirá obligada a cumplirlo. Esto es como la retribución por haber rechazado su petición anterior, y se sienten más obligados a ayudarle a usted que a otra persona. Varias empresas y vendedores utilizan esta técnica para vender a sus clientes.

15 Falsa confianza. De acuerdo, se viste de forma atractiva, tiene un aspecto muy cuidado, lleva los accesorios más elegantes y aún así se pregunta por qué la gente no le escucha, no le sigue o no suscribe sus opiniones.

Lo más probable es que le falte el accesorio más importante: la confianza. Sí, tiene que matar al demonio de la baja confianza si realmente quiere inspirar la fe de los demás. La ropa, los accesorios y el aseo personal sólo pueden llevarle hasta cierto punto.

Uno de los principios más fundamentales de la confianza es que puede fingirla totalmente incluso cuando no la siente. Todo depende de su lenguaje corporal, su voz, sus expresiones y sus gestos (que afortunadamente están bajo su control). Puede fingir ser una persona muy segura de sí misma incluso cuando se siente como un limón por dentro.

Nuestro lenguaje corporal repercute invariablemente en nuestro estado mental y viceversa. Cuando se actúa con confianza durante mucho tiempo, se acaba confundiendo al cerebro para que crea que, efectivamente, se es una persona muy segura de sí misma. Entonces, el cerebro se reprograma automáticamente y dirige al cuerpo a mostrarse confiado, creyendo que ha metido la pata en alguna parte. Así, lo que empieza como un acto pretencioso, en realidad le lleva a transformarse en un individuo más confiado y seguro de sí mismo.

Tiene que actuar con seguridad y confianza en sí mismo si realmente quiere que la otra persona se crea lo que dice. Si no parece convencido de algo, hay pocas posibilidades de que pueda convencer a los demás. Por lo tanto, la confianza es uno de los accesorios más importantes para un manipulador.

Capítulo 3: Técnicas de manipulación de la PNL

¿Qué es la programación neurolingüística?

La Programación Neurolingüística o PNL, en términos sencillos, es el lenguaje de programación de su mente. Todos hemos tenido casos en los que hemos intentado comunicarnos con alguien que no habla nuestro idioma. ¿El resultado? No nos han entendido.

Va a un restaurante a bordo y pide un filete de lujo pero acaba recibiendo un guiso insípido debido a la mala interpretación del lenguaje y los códigos.

Esto es precisamente lo que ocurre cuando intentamos comunicarnos con nuestra mente subconsciente. Creemos que le estamos ordenando que nos dé relaciones más felices, más dinero, un mejor trabajo y otras cosas similares. Sin embargo, si eso no es lo que realmente aparece, algo se está perdiendo en la traducción. La mente subconsciente/inconsciente tiene el poder de ayudarnos a lograr nuestros objetivos solo si la programamos utilizando códigos que reconoce y entiende.

Si está pidiendo a su mente inconsciente un filete y recibiendo un guiso, es hora de hablar su idioma. Piense en la PNL como un manual de usuario para el cerebro. Cuando las personas dominan la PNL, adquieren fluidez en el lenguaje de la mente subconsciente, lo cual es excelente cuando se trata de reprogramar sus pensamientos, ideas y creencias y los de otras personas. Esto les da el poder de influir y persuadir a las personas y, en el lado negativo, incluso de manipularlas.

La Programación Neurolingüística es un conjunto de técnicas, métodos y herramientas para mejorar la comunicación con las capas más profundas de nuestro cerebro. Es un enfoque que combina el desarrollo personal, la psicoterapia y la comunicación. Sus creadores (John Grinder y Richard Bandler) afirman que existe un fuerte vínculo entre el lenguaje, los patrones de comportamiento y los procesos neurológicos, que puede utilizarse para mejorar el aprendizaje y el desarrollo personal.

Influencia frente a manipulación

Entonces, ¿cree que un martillo es una herramienta de utilidad o de destrucción? Bueno, depende de cómo lo use, ¿no? ¿O de la finalidad con la que lo utilice?

La PNL es potente cuando se trata de conseguir que la gente haga lo que uno quiere. Es el martillo que puede utilizarse para fijar un clavo en la pared o destruir un trozo de madera. Del mismo modo, la PNL puede utilizarse para construir algo positivo o puede utilizarse con un propósito destructivo (manipulación).

PNL y Manipulación tienen casi el mismo significado. Ambos consisten en generar el efecto deseado en otras personas sin un esfuerzo evidente. Sin embargo, una diferencia clave entre la influencia y la manipulación es que esta última pretende influir en los demás para alcanzar los objetivos egoístas del manipulador a través de medios que pueden ser injustos, ilegales, furtivos o insidiosos. Las cosas se traman con métodos poco limpios para que resulten a favor del manipulador. Un manipulador suele aprovecharse de las inseguridades, los miedos y la culpa de otras personas. A su vez, las víctimas de la manipulación se sienten insatisfechas, frustradas, atrapadas e infelices.

Por el contrario, la influencia es la capacidad de inspirar a las personas de forma admirable, carismática y honorable. A menudo nos inspiran las personas influyentes y aspiramos a modelar nuestra vida según la suya. Hay un sentimiento general de positividad relacionado con ellas, y nos sentimos positivamente impactados en su compañía. No todas las influencias son positivas, por lo que utilizamos términos como "mala influencia" para significar el efecto negativo de una persona sobre nosotros. Sin embargo, la manipulación nunca se clasifica como buena o mala. Siempre opera con motivos siniestros. Esa es la principal diferencia entre la influencia y la manipulación.

La influencia es un arma de doble filo que puede utilizarse de forma positiva y negativa, mientras que la manipulación sólo opera con una perspectiva negativa, estrecha y egoísta para cumplir los objetivos del manipulador.

Mientras que la manipulación tiene motivos egocéntricos y cuestionables, la influencia también puede ser positiva. A diferencia de la manipulación, la influencia tiene connotaciones positivas, ya que tiene en cuenta las necesidades, los objetivos y los deseos de los demás. Como padres, ¿no queremos influir en nuestros hijos para que lleven una vida más feliz y saludable? Del mismo modo, como directivos, queremos influir en nuestro equipo para que se esfuerce al máximo.

Al igual que el martillo del que hablábamos antes, la gente puede utilizar la PNL para influir positiva o negativamente en las personas para conseguir sus propios objetivos egoístas (manipulación). La PNL es una herramienta de control mental que puede hacer ambas cosas: construir y dañar. Las técnicas mencionadas aquí pueden ser usadas para detectar a los PNL que le manipulan o para que usted manipule a otras personas. De nuevo - tiene una poderosa herramienta en su poder que puede ser usada constructiva o destructivamente.

¿Cómo se utiliza la PNL para manipular a las personas?

La formación en PNL se realiza en una estructura piramidal, con técnicas sofisticadas reservadas a los seminarios de alto nivel. Es un tema complejo (¿quién dijo que cualquier cosa relacionada con la mente humana sería alguna vez fácil?). Sin embargo, para simplificar un concepto complicado, los NLPers o las personas que practican la PNL prestan una gran atención a las personas con las que trabajan. Observan todo, desde los movimientos de los ojos hasta el enrojecimiento de la piel y la dilatación de las pupilas, para determinar qué tipo de información están procesando las personas.

A través de la observación, los PNL pueden saber qué lado del cerebro es dominante en una persona. Del mismo modo, pueden saber qué sentido es el más activo dentro del cerebro de la persona. Los movimientos oculares pueden determinar cómo su cerebro almacena y utiliza la información. También es fácil descifrar si la persona está afirmando hechos (diciendo la verdad) o inventando hechos (mintiendo) mirando sus movimientos oculares.

Después de recopilar esta valiosa información, el manipulador de PNL reflejará e imitará sutilmente a sus víctimas (incluyendo el habla, el lenguaje corporal, los gestos, los patrones lingüísticos verbales y más) para dar la sensación de ser "uno entre ellos".

Los manipuladores de la PNL fingirán pistas sociales para hacer que sus víctimas bajen la guardia y entren en un estado mental más abierto, receptivo y sugestionable, en el que se preparan para absorber cualquier información que se alimente en su mente. Los manipuladores utilizarán astutamente un lenguaje centrado en los sentidos predominantes de la persona.

Por ejemplo, si una persona se centra en su sentido visual, lo más probable es que el manipulador de PNL lo utilice en su beneficio de forma óptima diciendo algo como: "¿Ves de dónde vengo?", "¿Puedes ver lo que estoy tratando de decirte?" o "¿Lo ves así?". Del mismo modo, si una persona es predominantemente auditiva, el manipulador le hablará utilizando metáforas auditivas como "escúchame una vez Tim" o "te escucho".

Al reflejar el lenguaje corporal y los patrones lingüísticos verbales de su víctima, los expertos en PNL o los manipuladores de PNL intentan lograr un objetivo claro: construir una relación. Como ya se ha dicho, los manipuladores también intentan conseguirlo compartiendo demasiado, demasiado pronto, o construyendo una intimidad temprana. El objetivo es el mismo: establecer una relación con sus víctimas, lo que facilita que éstas bajen la guardia.

Una vez que el manipulador utiliza la PNL para establecer una relación y bajar la guardia de la víctima mediante el uso inteligente del lenguaje corporal y los patrones verbales, la víctima se vuelve más abierta y sugestionable. Se le dan pistas sociales falsas a la víctima para que su mente sea más maleable.

Una vez que han establecido una relación, los manipuladores de la PNL comenzarán a llevar a la víctima a una mayor interacción de manera sublime. Después de haber reflejado a la víctima y haber establecido en la mente subconsciente de la víctima que ellos (el manipulador) son uno de ellos (la víctima), el manipulador aumenta sus posibilidades de conseguir que la víctima haga lo que el manipulador quiere. Cambiará sutilmente su comportamiento y su lenguaje para influir en las acciones de su víctima.

Las técnicas pueden incluir preguntas capciosas, patrones de lenguaje sublimes y una serie de otras técnicas de PNL para maniobrar la mente de la persona hacia donde quiera. La víctima, por otro lado, a menudo no se da cuenta de lo que está ocurriendo. Desde su punto de vista, todo está ocurriendo de forma natural/orgánica o según su consentimiento.

Por supuesto, los manipuladores (por muy hábiles que sean) no podrán utilizar la PNL para conseguir que la gente se comporte de una manera totalmente fuera de lo normal. Sin embargo, puede utilizarse para dirigir las respuestas de las personas en la dirección deseada. Por ejemplo, no se puede convencer a una persona fundamentalmente ética y veraz para que actúe de forma deshonesta. Sin embargo, se puede utilizar para conseguir que una persona piense en una dirección o línea de pensamiento específica. Los manipuladores utilizan la PNL para obtener respuestas específicas de una persona.

La PNL trata de lograr dos fines, la provocación y el anclaje. La provocación se produce cuando los PNL utilizan el lenguaje y el liderazgo para llevar a sus víctimas a un estado emocional. Una vez conseguido el estado de deseo, el PNL ancla la emoción con una pista física específica, por ejemplo, tocando su hombro. Esto significa simplemente que un PNLer puede invocar la misma emoción en usted tocando su hombro.

Por ejemplo, digamos que el manipulador de PNL le hace sentir deprimido o indigno utilizando el lenguaje, la conducción y otras técnicas de PNL. Esto es seguido por golpear el dorso de las palmas de las manos de una manera específica para crear anclaje. Así, cada vez que quieran crear en usted una emoción de desilusión, depresión e indignidad, le darán golpecitos en el dorso de la palma de la mano. No es otra cosa que condicionarte para que se sienta de una determinada manera con pistas físicas vinculadas.

Ahora que tiene una idea justa de lo que es la PNL o de cómo los manipuladores pueden utilizarla para someterse, ¿qué puede hacer para protegerse de los manipuladores de la PNL?

He aquí algunos consejos para evitar que los PNL le hagan sus trucos, tan inteligentes como furtivos.

1. Desconfíe de las personas que imitan su lenguaje corporal. De acuerdo, no lo sabía hasta ahora, pero que la gente imite o copie su lenguaje corporal es una de las mayores señales rojas de que intentan manipularte, influenciarte o persuadirte para que actúes de la manera deseada. Me gusta mucho poner a prueba a estos expertos en PNL utilizando sutiles gestos con las manos y movimientos de las

piernas para saber si realmente están reflejando mi lenguaje corporal para establecer una relación.

Si siguen su ejemplo, ¡es mi pista para huir! Los expertos en PNL han dominado el arte del reflejo sutil, lo que significa que puede que ni siquiera se dé cuenta de que están imitando sus acciones. Los principiantes en PNL imitarán al instante exactamente el mismo movimiento en su afán por establecer un sentimiento de unidad, ¡lo cual es una buena manera de que usted llame la atención sobre su farol!

Si buscas una forma de manipular a la gente, el reflejo puede hacer maravillas "La imitación es la mejor forma de adulación". Para hacer que alguien le acepte al instante, sea uno de ellos o, mejor, como ellos. Reflejar las palabras y el comportamiento de alguien es un instinto primordial. Hace que la gente piense rápidamente que forma parte del "clan".

¿Ha visto cómo los vendedores inteligentes suelen repetir las palabras que usted dice o imitar sus gestos solo para persuadirle suavemente de que les compre? O cómo los influencers hablan "el lenguaje de su gente" solo para ganarse la confianza de sus seguidores. No hacen más que utilizar la potentísima técnica del mirroring.

Cuando realmente quieras influir en la gente o conseguir que hagan lo que tú quieres, observa atentamente su comportamiento, el tono de voz, los ademanes, el lenguaje corporal y los patrones de habla. A continuación, utiliza lo mismo en sus interacciones con ellos para hacerse simpático al instante. Funciona como la magia.

Las investigaciones apuntan a que las personas que son imitadas son más propensas a responder de forma más positiva a las personas que las imitan. La forma en que esto funciona a nivel psicológico es que imitar el patrón de comportamiento o las palabras de alguien les hace sentir una sensación de validación. Esta positividad se transmite directamente a la persona que los validó al reflejar su comportamiento. Llegan a asociar a las personas que las reflejan como positivas y simpáticas. ¿No aumenta automáticamente su autoestima y confianza cuando alguien le emula? E invariablemente acaba queriendo a las personas que le admiran.

Otro consejo potente en la misma línea es parafrasear lo que la gente dice y repetirlo, lo que también se denomina escucha reflexiva. Esto demuestra a la otra persona que la ha escuchado, lo que en cierto modo valida todo lo que ha dicho. Los terapeutas y consejeros utilizan generosamente la escucha reflexiva (por eso a la gente le encanta hablar con ellos).

Esta técnica puede aplicarse en casi cualquier lugar, desde sus empleados hasta sus amigos o su pareja. Cuando escucha a las personas con atención y reformula lo que han dicho en forma de pregunta para confirmar que están en la misma línea, hace que se sientan más cómodas al interactuar consigo. Es más probable que desarrollen sentimientos positivos hacia usted y le escuchen con más atención porque ya ha demostrado que lo que dicen es importante para usted.

2. Confundir con los movimientos de los ojos. Otra forma fantástica de llamar la atención de un manipulador de PNL es notar si están jugando muy cerca de sus ojos o movimientos oculares. Los usuarios de la PNL suelen examinar a su objetivo o a su víctima con mucho cuidado. Los movimientos de los ojos son escudriñados para medir cómo accede y almacena la información.

En efecto, quieren determinar qué partes del cerebro utiliza para obtener pistas sobre sus pensamientos y sentimientos. Para ello, mueva los ojos por todo el lugar de forma aleatoria. Muévala hacia arriba y hacia abajo o de lado a lado sin un patrón claro. Está despistando a su manipulador de PNL. Haga que parezca natural. Su calibración se irá por el camino.

3. Cuidado con el tacto de la gente. Como hemos comentado antes, una de las técnicas que utilizan los practicantes de la PNL es el

anclaje. Si sabe que una persona practica la PNL y está en un estado emocional especialmente elevado o intenso, no permita que le toque de ninguna manera. Desvíelo de su curso riendo repentinamente con fuerza o volando en un ataque de rabia. Básicamente, les está confundiendo sobre la emoción que necesitan anclar. Incluso si intentan establecer una pista física para invocar ciertas emociones, se quedarán con una mezcla de risa loca, rabia y cualquier otra cosa que haya hecho.

4. Cuidado con el lenguaje permisivo. El lenguaje típico utilizado por los PNL incluye "estate relajado", "relájate y disfruta de esto" y otras afirmaciones similares. Tenga cuidado con este lenguaje de estilo hipnotizador de la PNL que le induce a un estado de relajación profunda o rastrea para conseguir que piense o actúe de una manera específica. Los manipuladores hábiles o encubiertos rara vez ordenan de manera directa.

Buscarán hábilmente su permiso para darle la impresión de que está haciendo lo que ellos quieren que haga por su propia voluntad (uno de sus muchos trucos siniestros). Si observa a los hipnotizadores experimentados, nunca le ordenarán directamente que haga algo, sino que buscarán su permiso para que parezca que se hace de forma orgánica, con su consentimiento.

5. Evitar el galimatías

Cuidado con las tonterías que no tienen ningún sentido lógico o con las afirmaciones retorcidas/complicadas que no significan nada. Por ejemplo, "A medida que liberes la sensación de estar retenido por sus pensamientos, se encontrará alineado con la voz de tu éxito". ¿Tiene esto algún sentido? Los manipuladores de la PNL no dirán nada a propósito, sino que programarán su estado emocional para llevarlo hacia donde ellos quieran.

Una de las mejores maneras de protegerse contra este tipo de manipulación inducida por el hipnotismo y la PNL es instar al manipulador a ser más específico. ¿Puede ser más claro al respecto?

¿Puede especificar exactamente lo que quiere decir? No sólo interrumpirá su técnica astutamente establecida, sino que también forzará la interacción con un lenguaje preciso, rompiendo así el trance provocado por las palabras y frases ambiguas.

6. No acepte nada rápidamente. Si se ve obligado a tomar una decisión instantánea sobre algo importante y sientes que le dirigen en una dirección concreta, escapa de la situación. Espere un día para tomar una decisión. No se deje arrastrar o llevar a tomar una decisión que no quiere tomar por impulso. Los profesionales de las ventas son expertos en manipular a los compradores para que compren algo que no necesitan utilizando tácticas de manipulación y PNL. Cuando alguien le apresura a tomar una decisión, debería ser una señal de advertencia para que se eche atrás y espere hasta que haya reflexionado más sobre la situación.

Capítulo 4: Persuadir e influir en las personas

La gratitud es otra gran cualidad de influenciador/influenciador/modelo de rol. Los manipuladores e influenciadores eficientes conocen el poder del simple agradecimiento para canalizar a las personas en la dirección correcta. Un simple gesto como dar las gracias a la gente, apreciar el esfuerzo que han puesto en un proyecto o elogiar públicamente sus habilidades, contribuye en gran medida a inspirar su lealtad hacia usted.

Elija siempre reconocer el trabajo o los esfuerzos de los demás y concéntrese en elevarlos como brillantes modelos de conducta para los demás. Pocas cosas suben la moral de una persona que ser presentada como un ejemplo brillante. Esto no sólo hace que la persona se sienta de maravilla, sino que también le ayuda a reforzar lo que es correcto hacer. Todo el mundo quiere ser apreciado y valorado y, por tanto, se sentirá motivado para hacer las cosas como se deben hacer. Una vez que una persona se da cuenta de que le agradece algo, seguirá haciéndolo aún más.

Otro consejo que puede convertirle en un magnífico manipulador, influenciador y persuasor es la capacidad de ayudar a la gente a salvar la cara en una situación potencialmente embarazosa o incómoda. La persona se sentirá en deuda contigo de por vida. Sentirá una profunda gratitud por haberle ayudado a salir de una situación complicada, lo que a su vez le inspirará una lealtad inquebrantable.

Puede ayudar a desviar la atención del error de la persona. Por ejemplo, si alguien dice algo que no debería haber dicho por error o por accidente, cambie rápidamente de tema antes de que nadie se dé cuenta o haga como si no hubiera pasado nada.

Como influenciador o manipulador, está mostrando a la gente que se preocupa lo suficiente por ellos como para encubrir pequeñas vergüenzas o faltas. Sin embargo, no deje que la gente se aproveche de su amabilidad. Asegúrese de que la persona sea informada asertivamente en privado (si se trata de un asunto potencialmente importante) de que no mostrará una indulgencia similar si se trata de una infracción habitual.

Entrena y orienta a las personas en lugar de humillarlas. Si detectas un esfuerzo sincero por cambiar, ayúdalas a cambiar. Trabajen juntos en estrategias que puedan ayudarles a alcanzar sus objetivos.

Relájese

Los comportamientos relajados, racionales y constantes tienen más probabilidades de lograr el éxito influyendo en la gente que los enfoques emocionales, volátiles y exigentes. Ser ecuánime e imperturbable puede hacerle ganar más adeptos que una actitud irracionalmente dogmática.

La gente tiende a escucharle mejor cuando habla despacio, de forma relajada y seguro de sí mismo. Si se pone a despotricar y a insultar, seguro que pierde el respeto con el paso del tiempo. Los influencers rara vez muestran reacciones emocionales extremas. Exudan una seguridad natural en sí mismos que, en última instancia, les ayuda a influir en los demás sobre sus ideas.

Si realmente quiere que la gente le escuche, evite dar órdenes. Eso le hace parecer muy prepotente e irrespetuoso. En cambio, cuando demuestras que realmente le importan las aportaciones de los demás, es más probable que la gente responda a su petición. Se sentirán menospreciados y harán exactamente lo contrario de lo que les pides.

En su lugar, haga peticiones educadas y respetuosas. Utilice la palabra "por favor" siempre que pueda. En lugar de ordenar a una persona que realice una llamada de ventas al aire libre durante el día, puede decir algo como: "¿No hace un día precioso fuera hoy? ¿No sería un buen día para hacer su llamada de ventas al aire libre? Es poco probable que la persona se niegue. Pídalo de una manera que a la gente le resulte difícil de rechazar.

Preste atención a su lenguaje corporal

¿Sabía que el lenguaje corporal representa el 55% del proceso de comunicación? ¿Y que el tono de su voz supone un 38 por ciento de toda la comunicación? Esto significa simplemente que la comunicación no verbal es más importante que lo que habla o la comunicación verbal.

No se reduce a lo que dice, sino también a cómo lo dice o a la forma en que comunica algo. Todo, desde los gestos hasta la postura y la expresión de los ojos, influye en el mensaje que se intenta transmitir. Por ejemplo, cuando una persona tiene una expresión estoica en la cara y cruza los brazos sobre el pecho, sabe que le está hablando de forma acusadora. Sin embargo, una voz más calmada, unos brazos y piernas sin cruzar y un lenguaje corporal generalmente relajado harán que la otra persona se sienta más tranquila. Es probable que se ponga menos a la defensiva y sea más receptiva al mensaje.

Aquí algunos consejos para mantener un lenguaje corporal positivo. Mire de frente a la persona mientras le habla. Mantenga el contacto visual sin mirar fijamente y sin hacer que la otra persona se sienta incómoda. Está bien cambiar la mirada de vez en cuando. No se mueva ni de golpecitos con los dedos o los pies. Puede dar a su amigo la impresión de que no le interesa lo que está diciendo. Uno de los mejores consejos para revelar su interés en la otra persona o en lo que está diciendo es inclinarse en su dirección. Mantenga su lenguaje corporal menos rígido y muéstrese relajado o cómodo.

El lenguaje corporal es un componente integral de su persona como manipulador e influenciador. El tono de voz, las expresiones, los gestos, la forma de caminar, la postura y otras pistas no verbales son determinantes a la hora de conseguir que la gente haga lo que tú quieres.

Mantenga siempre un tono de voz asertivo, firme, decidido y bajo. Los estudios han revelado que hablar con la gente en tonos bajos tranquilizadores y reconfortantes hace que sean más eficientes. Esto no implica en absoluto que no debas tener una voz fuerte, segura y naturalmente confiada que demuestre que va en serio. Pero no vaya por ahí hablando en tono alto todo el tiempo para afirmar su autoridad si quiere que la gente le tome en serio. Hable siempre despacio y haga pausas efectivas para reforzar la autoridad. Parecerá menos autoritario si habla rápido sin salpicar su discurso con pausas impactantes.

El apretón de manos de un influenciador y manipulador es firme sin ser intimidante y apretado. Su objetivo debe ser asegurar a la gente en lugar de establecer un statu quo con su apretón de manos. No recurra a un apretón de manos flojo utilizando sólo las puntas de los dedos de la mano. Utilice toda la mano. Tiene una sola oportunidad de crear una primera impresión poderosa, y su apretón de manos puede causar un impacto instantáneo.

¿Sabía que la gente se apodera de usted y forma una opinión de su persona en los 4 segundos iniciales de su primera interacción con ellos? Haga que cada segundo cuente. Un apretón de manos firme transmite confianza, afabilidad y positividad. Simboliza la unión de dos poderes que pueden unirse para crear algo formidable. Las personas influyentes siempre dan la mano de una manera que transmite su fuerza y control.

No utilice gestos aleatorios, distraídos o nerviosos al dirigirse a su grupo. Utilice gestos que complementen la comunicación verbal. Por ejemplo, si está hablando de un trabajo bien hecho o de un agradecimiento dirigido a su empresa, utilice el gesto del pulgar hacia arriba. Estos gestos apoyan su discurso y crean una impresión memorable en la mente de los seguidores.

Mantenga siempre una postura poderosa. Los influenciadores fuertes comunican confianza, seguridad en sí mismos y fuerza de forma muy sutil a través de su postura. Mantenga su postura extendida y abierta para proyectar transparencia, confianza y poder. La cabeza debe estar recta. Mantén un contacto visual ininterrumpido mientras hablas con la gente. No se olvide de sonreír.

Uno de los mejores trucos antes de presentar una idea (con la que quiere que la otra persona esté de acuerdo) es practicar posturas frente a un espejo. Invariablemente, te sentirás más seguro de ti mismo y transmitirás inconscientemente a tu público que tienes todo el control, que eres positivo con respecto al futuro de la organización y que eres capaz de establecer objetivos poderosos. Cuando estés en el escenario, intenta caminar, hacer una pausa y volver a caminar para conseguir un mayor efecto, en lugar de realizar movimientos erráticos o permanecer inmóvil. El movimiento representa la energía, el entusiasmo y el compromiso, que pueden ser muy contagiosos para los seguidores.

Los gestos de ansiedad, como tirarse del cuello de la camisa o levantarse el pelo, indican un cúmulo de energía nerviosa, lo que no contribuye a asegurar a los seguidores en una crisis. Los empleados esperan que las personas influyentes estén tranquilas y controlen la situación cuando están nerviosas. Si detectan nerviosismo en su lenguaje corporal, también tienden a perder la confianza. Mantenga su lenguaje corporal calmado, frío y tranquilo para restablecer la seguridad. Esto reconforta a los seguidores y facilita la colaboración.

Desarrollar un estilo de comunicación impresionante

Cada persona tiene sus propias preferencias y estilos de comunicación a la hora de transmitir sus ideas, pensamientos y conceptos. Si quiere tener una posición más dominante o quiere que los demás le vean como una persona influyente, desarrolle un estilo de comunicación único. ¿Cuál es su principal medio de comunicación? ¿Pone más énfasis en la comunicación verbal o no verbal?

En una ocasión, una formadora me dijo que le encantaba la forma en que gesticulaba con las manos mientras hacía una presentación. Añadía más impacto al mensaje y lo hacía aún más eficaz. A partir de entonces, empecé a incorporar conscientemente estos poderosos gestos con las manos en mi presentación para darle más fuerza, lo que realmente me funcionó. ¿Cuál es su USP de comunicación? Si se le dan bien las palabras, aprovechelo. Si tiene una cara más expresiva o animada, comuníquese a través de las expresiones.

Descubra sus propias preferencias de comunicación. Yo soy una persona que hace ojitos, así que puedo comunicarme fácilmente a través de mis ojos si no estoy satisfecha con algo. Haga un balance de sus puntos fuertes y débiles y de sus estilos de comunicación. No siempre tiene que seguir los pasos de los demás en lo que respecta a la comunicación. Póngase delante de un espejo y observe su estilo de comunicación. Preste atención a sus gestos, su voz, sus expresiones, su tono... ¿Cómo se comunica con la otra persona? ¿Qué palabras y frases utiliza con frecuencia? ¿Su estilo de comunicación anima a la gente a escuchar o a desconectar? ¿Su lenguaje es positivo o negativo?

Por ejemplo, si alguien no está rindiendo a la altura de sus expectativas, ¿dice "eres pésimo en esto" o "tienes el potencial para hacerlo mucho mejor"? ¿Su lenguaje cierra las brechas o destruye las relaciones? ¿Sus palabras animan a seguir conversando? ¿Inspiran a sus jefes, compañeros de trabajo o subordinados a aportar ideas? ¿Cierras a la gente con lo que habla? Todo esto es importante cuando se trata de la comunicación en el lugar de trabajo.

Las personas suelen tener uno de estos tres estilos de comunicación, que pueden variar según la situación. Algunas personas tienen estilos de comunicación más autoritarios o dictatoriales, mientras que otras son más sumisas. La tercera es la categoría asertiva, que es a la que debe aspirar. El dogmático o dictatorial dice: "Siempre tengo razón. Mi palabra es la verdad del evangelio". La sumisión dice: "Tú siempre tienes la razón y yo cedo a todo lo que dices".

Sin embargo, la asertividad dice: "Creo que tengo razón, pero eso no significa que no respete tu opinión o tu derecho a discrepar". La asertividad es el respeto por su punto de vista y por el de la otra persona. Es defenderse a sí mismo sin menospreciar a la otra persona. Es el medio perfecto entre ser dogmático y sumiso. Fíjese en el personal de alta dirección de cualquier organización. La mayoría de las veces, observará que han dominado el arte de exponer su punto de vista sin ofender a los demás. Por supuesto, también hay muchas excepciones. Yo he tenido mi cuota de jefes infernales. Sin embargo, las personas que saben hablar para que los demás los escuchen sin ofenderse han dominado prácticamente el arte de la comunicación empresarial.

Identificar una base común sólida

Cuando veas que la gente se desentiende de la conversación o no responde favorablemente a lo que dices, cambia de tema. Encuentra un punto en común entre usted y la otra persona para establecer un nivel de comodidad. Los vendedores utilizan esta técnica de comunicación todo el tiempo. Están entrenados en el arte de crear una relación con los clientes potenciales.

Busque pistas hasta que encuentre algún punto en común. Entable una conversación con la persona sobre el tema durante un rato hasta que se descongele. Haga que se sientan cómodos y luego vuelve al tema inicial. Estarán más receptivos y abiertos a lo que dice. A menudo nos rendimos cuando nos damos cuenta de que la otra persona no está respondiendo o reaccionando favorablemente a lo que estamos diciendo. Sin embargo, los comunicadores poderosos son capaces de encontrar rápidamente una conexión a través de un hilo conductor y hacer que la otra persona se relacione con ellos de una manera más positiva.

Say the things at the right moment

Este es uno de los puntos más importantes a la hora de comunicarse con la gente en el ámbito profesional. A veces, el problema de la comunicación no se basa en cómo se dice algo, sino simplemente en el momento en que se dice. Si tiene un problema con alguien en el trabajo, dígase a él directamente en lugar de hacérselo saber a todo el lugar de trabajo. Del mismo modo, todo el mundo tiene sus días y momentos malos. Muestra más empatía hacia las personas comprendiéndolas. Todos nos estresamos y tenemos nuestra parte de días improductivos o ineficientes. Está bien tender la mano a la gente y ser comprensivo con ellos cuando es evidente que lo están pasando mal.

No debería haber lugar para el dramatismo en un entorno profesional. Asegúrese de elogiar a las personas públicamente cuando hayan hecho algo maravilloso y de criticarlas personalmente. Conozco a una persona influyente en las redes sociales que es muy popular y querida en su comunidad porque elogia públicamente a las personas. Siempre destaca sus aspectos positivos y reconoce públicamente su fuerza.

Sin embargo, cuando algo no sale como estaba previsto o los resultados no están a la altura, llama a su personal al interior de la cabina y mantiene una conversación individual con ellos. Nadie se entera de la conversación que comparte con sus asistentes. Esto hace que su aura sea muy positiva e inspiradora. Ni que decir tiene que la gente se toma en serio su palabra y la escucha.

Del mismo modo, mantenga un lenguaje corporal potente y positivo mientras se comunica con la gente. Por ejemplo, mantenga el contacto visual para demostrar que le interesa o respeta lo que le están diciendo. Sea más consciente y atento a su lenguaje corporal mientras se comunica con la gente. Imagine que un compañero de trabajo le está expresando sus preocupaciones y usted coloca la barbilla sobre la mano mientras pones los ojos en blanco periódicamente mientras le escucha. ¿Qué señal les está enviando? Que no le importa nada lo que están diciendo o que esté completamente aburrido.

Utilice siempre un lenguaje que resuene con su gente. Si está tratando con un grupo de becarios, evite utilizar una jerga demasiado técnica que no entiendan o con la que no se identifiquen. Puede que se sientan identificados con una jerga ligeramente más desenfadada y milenaria. Del mismo modo, si se dirige a un grupo de altos directivos, puede que tenga que recurrir a un lenguaje más técnico y profesional que resuene con ellos.

La jerga técnica innecesaria puede complicar o confundir a la gente. Es posible que no pueda impartir la información con eficacia o transmitir sus ideas de manera impactante. Utilice un lenguaje que provoque un mayor compromiso y debate. El objetivo principal de la comunicación debe ser comunicar su punto de vista de forma convincente, no pasar por listo.

Utilice la técnica del sándwich

La técnica del sándwich no puede calificarse realmente como una técnica altamente manipuladora. Sin embargo, es eficaz porque le ayuda a conseguir que la otra persona haga lo que usted quiere utilizando la carta de la diplomacia. Se trata de uno de los métodos más poderosos cuando se trata de comunicar algo complicado y potencialmente ofensivo a su pareja. El método consiste en intercalar una afirmación potencialmente negativa u ofensiva entre un par de afirmaciones positivas.

Por ejemplo: "Escucha, Bridget, te adoro mucho y me haces

realmente feliz. Sin embargo, me resulta difícil que trabajes las veinticuatro horas del día. Si redujeras tu trabajo y pudiéramos pasar un buen rato juntos, sería muy feliz. Me siento tan bien cuando estoy contigo". ¿Ve lo que hemos hecho? Hemos utilizado una acusación potencialmente conflictiva (no pasas suficiente tiempo conmigo por culpa de tu trabajo) entre dos afirmaciones que suenan dulcemente y que garantizan que se derrita el corazón de su pareja.

No lance una bomba a su pareja lanzando acusaciones de la nada. Utilice siempre señales o indicadores para avisar de algo, de modo que la persona esté preparada para ello y no se vea sorprendida. Si tiene una preocupación genuina que quiere que escuche, empiece la conversación con algo como: "Quiero quitarme esto de encima" o "Me vendría bien que me aseguraran que...". De este modo, su interlocutor se da cuenta de que no le está acusando realmente, sino que sólo necesita que le tranquilicen y le escuchen.

Practicar la escucha activa

De nuevo, la comunicación consiste tanto o más en escuchar que en hablar. Se trata de permitir que su otra mitad sepa que está 100% atento e interesado en lo que está hablando.

Puede ser en forma de varias pistas verbales y no verbales, como el contacto visual, el reconocimiento de lo que están diciendo, el parafraseo de lo que han dicho (para demostrar que ha estado escuchando con atención y quiere entenderlo correctamente) y mucho más. No mire el teléfono o el periódico mientras su interlocutor está hablando. Hágale saber que tiene toda su atención.

Resista el impulso de interrumpir a su interlocutor mientras habla. Manténgase centrado, interesado y atento. Conocí a un amigo que solía interrumpir para dar consejos a su mujer cada vez que ésta exponía sus quejas en el trabajo. Muchos hombres lo hacen, y en realidad no es culpa suya.

Simplemente están conectados para arreglar todo desde los tiempos primitivos. Una mujer puede querer simplemente hablar con su corazón para sentirse más ligera. Puede que no busque necesariamente consejos, orientación o sugerencias. Sin embargo, el hombre se cree su caballero de brillante armadura y empieza a ofrecerle soluciones inmediatas. Esto también puede ocurrir a veces con las mujeres. Resiste el impulso de ofrecer soluciones y céntrate en escuchar a tu pareja.

Cuando terminen de hablar, podrá averiguar si están pidiendo consejo. No se precipite a dar su opinión cuando todavía estén hablando. Deje que terminen antes de dar un consejo.

Mire a su pareja mientras habla y responda de vez en cuando con un movimiento de cabeza o con pistas verbales como "u-huh", "ya veo" y "hmm". Haga un tiempo de conversación diario reservado solo para usted y su pareja. Puede ser durante el desayuno o la cena o justo antes de irse a la cama. Respete la necesidad de la otra persona de hablar o incluso de permanecer en silencio. A veces, la persona puede no querer hablar, lo cual también está bien. Puede entablar una conversación cuando se sienta más preparada o con más energía para ello.

Aunque no esté de acuerdo con lo que dice, aguante un rato. Haga que la comunicación honesta y abierta sea su principal objetivo para conseguir una relación más gratificante y satisfactoria.

Preste atención al mensaje general

Reflexione sobre el mensaje que su pareja ha transmitido a través de sus palabras, en lugar de limitarse a captar algunas palabras aquí y allá. Compruebe con ellos si realmente entiende sus sentimientos. Puede comprobarlo de la siguiente forma: "Cariño, lo que entiendo de lo que dices es" o "Si lo he entendido bien, creo que te sientes....".

Esto le dice a su pareja que le importa lo que dice y que está atento a su mensaje. Está muy interesado en asegurarse de que le entiende correctamente y de que no hay margen para malentendidos o falta de comunicación. De nuevo, esto le ayuda a empatizar con la perspectiva de la otra persona.

Por mucho que lo deteste, conocer e interactuar con extraños es una parte integral e ineludible de su vida. En nuestro día a día nos cruzamos con personas que no conocemos de nada. La buena noticia es que existen algunos trucos inteligentes para caerle bien a los desconocidos.

Estos son mis consejos favoritos cuando se trata de influenciar y manipular a extraños.

Utilizar su nombre varias veces

Los desconocidos no esperan realmente que utilice sus nombres en cuanto se presentan a usted o se los presenta una tercera persona. Además, la gente está predispuesta a adorar el dulce sonido de sus nombres (el narcisismo se paga). Una vez que conozca el nombre de alguien, utilícelo unas cuantas veces durante la conversación de forma natural.

No exagere o parecerá falso. Siempre me doy cuenta de que cuando me dirijo a los representantes del servicio de atención al cliente con sus nombres unas cuantas veces durante la llamada, se muestran aún más dispuestos a ayudar. La persona invariablemente siente una sensación de conexión o amistad hacia usted. Las gélidas vibraciones de ser extraños se descongelan un poco y él/ella se vuelve más familiar cuando se dirige a usted por su nombre.

Además, cuando repite el nombre de una persona más de una vez, las posibilidades de recordarlo aumentan. Esto puede ahorrarle la vergüenza de olvidar nombres (y enterrar definitivamente sus posibilidades de caerle bien a la persona).

Sonreír y mantener el contacto visual

Esta es una obviedad, sin lugar a dudas. La sonrisa es una expresión universal de vinculación o apertura a alguien. Ofrece a los desconocidos una sonrisa genuina y cálida para aumentar la sensación de familiaridad. Le hace parecer más accesible, amigable y simpático. Además, establece un tono más positivo para futuras interacciones. El pequeño acto de sonreír hace que el cerebro libere hormonas químicas que le hacen sentir más feliz como persona. De este modo, entrará en una interacción sintiéndose más amable, más feliz y positivo, lo que invariablemente le hace más simpático.

El contacto visual es una expresión universal o una señal de confianza, transparencia, honestidad y autenticidad. Más del 50 por ciento de nuestra comunicación se produce visualmente. Por eso, mirar a los ojos de una persona le da un impulso de familiaridad inmediato. ¿Quiere dar la impresión de estar seguro de sí mismo sin rayar en lo espeluznante? Mantenga una proporción saludable de 60:40.

Utilizar la inclinación de la cabeza

El título de la cabeza es una magnífica forma no verbal de comunicar su interés por un desconocido o de caerle bien a un desconocido. Basta con inclinar la cabeza hacia un lado u otro. Esto comunica subconscientemente a la otra persona que no es una amenaza para ella porque está exponiendo su arteria carótida. Es la arteria principal que suministra sangre al cerebro, y cualquier daño a esta arteria puede conducir a la muerte instantánea o a un daño cerebral permanente. Al exponer esta región de su cuerpo, está indicando al desconocido que ni él es una amenaza para usted ni viceversa. De forma no verbal, está sentando las bases para una relación no amenazante.

Utilizar declaraciones empáticas

Las afirmaciones empáticas ayudan a mantener el foco de atención en la otra persona, lo que hace que usted resulte más simpático. En general, a las personas les gusta que la atención se centre en ellas mismas y no en los demás. Se sienten muy bien cuando son el centro de atención. No repitas sus afirmaciones, ya que puede parecer paternalista o condescendiente. Reformule lo que han dicho manteniendo el foco en ellos. La fórmula estándar para crear declaraciones empáticas debería ser: "Así que, lo que sientes o estás diciendo es .....

Esto los convierte inmediatamente en el centro de la conversación. Algo así como: "Entiendo cómo te sientes". La idea es que la otra persona sea siempre el centro de la conversación. Esta fórmula básica rara vez falla cuando se trata de caer bien a los desconocidos.

Pedir favores

Sé que esto parece divertido e incluso contraintuitivo. Es decir, si le pide un favor a alguien y lo cumple, le caerá bien, ¿verdad? Sin embargo, Ben Franklin se dio cuenta de que cada vez que pedía un favor a sus compañeros de trabajo, les caía mejor que cuando no pedía favores. Esto también puede funcionar con los desconocidos cuando se trata de romper el hielo y abrir a la gente hacia usted. "Oh, tú trabajas para la empresa XYZ, y me gustaría que me dieras los datos de contacto del director de marketing para una asociación de marcas o un acuerdo. Sería muy amable si pudieras ayudarme con sus datos de contacto".

Cuando alguien hace un favor, se siente muy bien consigo mismo, y si le pide un favor a una persona le está ayudando a sentirse maravillosamente bien. Esto contribuye en gran medida a aumentar su cociente de simpatía. Hace que la persona que hace el favor sea más grande o foco de atención, lo que la hace sentir bien. Sin embargo, no exagere a la hora de pedir favores a la gente sólo para caerles mejor. Pedir demasiados favores hará que la gente corra en dirección contraria. Así, está manipulando a una persona para que desarrolle sentimientos positivos hacia usted al pedirle favores.

Mantenga su lenguaje corporal abierto y accesible

¿Sabía que los desconocidos se forman una impresión sobre usted en los primeros cuatro segundos de haberle visto o conocido? Los primeros cuatro segundos son cruciales a la hora de formarse una impresión de los desconocidos. Esto significa que la persona se formará una opinión sobre usted incluso antes de que usted diga nada. En estos casos, la responsabilidad recae en sus señales no verbales o en su lenguaje corporal. Mantenga su lenguaje corporal relajado y abierto.

Por supuesto, las acciones hablan más que las palabras. Funcionan a un nivel muy subconsciente y primordial. Mantenga sus gestos, postura, expresiones, movimientos de piernas, etc. más accesibles. Esto puede ayudar a determinar a nivel subconsciente si los desconocidos le ven como una persona abierta y receptiva. Su lenguaje corporal determinará si le gusta a una persona o no, independientemente de lo que diga.

Mantenga las palmas de las manos y los brazos abiertos si quiere parecer una persona más accesible y receptiva. Las piernas deben estar más abiertas y el torso y la cabeza deben apuntar en dirección a la persona con la que se está comunicando. Se añaden puntos por mantener el contacto visual. La gesticulación consiste en utilizar las manos para añadir más significado o expresión a su mensaje verbal. Por ejemplo, señalar con el dedo para enfatizar una palabra o frase.

Esto le hace más simpático a los desconocidos, ya que da la impresión de ser alguien con mucha energía, expresión y entusiasmo. Se percibe como una persona más expresiva, animada y elocuente. La gente responde más positivamente a las personas que son animadas en sus gestos.

Ofrezca cumplidos sinceros y específicos

Uno de mis consejos para romper el hielo con los desconocidos es hacerles un cumplido genuino y específico. Puede ser un cumplido pequeño, casual y específico que les alegre el día. Yo iría un paso más allá y les preguntaría dónde han comprado esas cosas. Es una forma increíble de abrir otras vías de conversación. Por ejemplo, puede preguntar a un desconocido o a una persona que le acaban de presentar de dónde ha sacado su precioso bolso o cartera.

A esto, pueden responder que lo compraron en Londres mientras estaban de vacaciones allí. ¡Bingo! Esto le da la oportunidad de hablar de sus vacaciones en Inglaterra. De este modo, provocará un recuerdo feliz, lo que hace que les guste. ¿A quién no le gustan los cumplidos sinceros? Un consejo profesional a la hora de hacer cumplidos es que sean específicos para que suenen auténticos.

En lugar de decirle a alguien lo maravilloso que es su traje, puede decir que el corte le queda magnífico o que le encanta cómo le queda el atuendo. Del mismo modo, en lugar de decirle a alguien que es un buen orador, escoja trozos de la conversación que realmente le hayan gustado. Otro favorito es, en lugar de decir "eres preciosa" o "tienes unos ojos preciosos", decir algo como "el color de tus ojos es precioso" o "tienes unos ojos muy conmovedores". Empieza con una sonrisa cálida, mantén el contacto visual y luego elogia sus ojos. Funciona de maravilla.

Aplauda el humor que han utilizado en el discurso o su potente vocabulario. Hacer el cumplido de forma específica le hace parecer más genuino que un simple halago. Los elogios son una forma estupenda de ganarse la simpatía de los desconocidos.

Hacer reír a la gente

De todos los consejos de comunicación que doy a la gente, este probablemente encabeza la lista cuando se trata de romper el hielo con desconocidos. La gente le adorará si les hace reír. No es ningún secreto que los vendedores que hacen reír a sus clientes potenciales obtienen altas cifras de ventas o los representantes de atención al cliente que hacen reír a los clientes obtienen altas puntuaciones de satisfacción.

Asegúrese de no hacer chistes ofensivos ni recurrir al humor relacionado con temas delicados como la religión, el racismo, etc.

Mantenga la limpieza, la inteligencia, la sencillez y la salud. La gente suele estar estresada, agotada y aburrida de su rutina diaria. Cuando recurre al humor, les aligera el día haciéndoles reír. Les da un respiro de una existencia mundana, lo que le hace entrañable para ellos. Si le dicen que tienen un día difícil o que han llegado tarde al trabajo, dele un toque más desenfadado. Esto transformará su estado de ánimo hosco y les hará más receptivos a una conversación.

Algunas de mis personas favoritas en el mundo son las que me hacen reír, y no es muy diferente para la mayoría de la gente.

Evita enfadarte

Había un niño pequeño con bastante mal genio. Su padre le dio una bolsa de clavos y le pidió que clavara un clavo en la valla cada vez que el niño perdiera la calma. El primer día, el niño clavó 37 clavos en la valla. Poco a poco, el número de clavos perforados en la valla se fue reduciendo. El chico descubrió que era más fácil contener su ira que pasar por todo el proceso de clavar clavos en la valla.

Un día, el niño no perdió los nervios ni una sola vez. Fue y se lo contó a su padre con orgullo. El padre le pidió entonces que le quitara una uña por cada día que lograra controlar su temperamento. Pasaron varios días y todos los clavos habían desaparecido. El padre le cogió de la mano y le llevó a la valla. Le dijo: "Lo has hecho bien, hijo. Sin embargo, mira los agujeros que han quedado. La valla nunca volverá a ser la misma. Cuando se dicen cosas con rabia, se dejan cicatrices permanentes. No importa cuántas veces sientas o digas que lo sientes, la herida es para siempre".

No vale la pena ser un Adolf Hitler moderno. Las reprimendas duras pueden hacer que la gente actúe por miedo a corto plazo. Sin embargo, será menos eficaz a largo plazo, debido a la reducción de la moral del equipo, la baja motivación y la inexistencia de un propósito superior para lograr el objetivo. Sea paciente y tolerante con las debilidades de las personas. En lugar de enfadarse, vea cómo puede ayudarles a superar esos defectos para aumentar la productividad.

Me viene a la mente la famosa cita maquiavélica "Y aquí viene la cuestión de si es mejor ser amado que temido o temido que amado". Aunque lo ideal es un equilibrio entre ambas cosas, el amor puede ayudar a ganar una lealtad feroz, compañerismo y fe. Hace que los seguidores estén intrínsecamente motivados para dar lo mejor de sí mismos y evitar defraudar a su influenciador. Esto puede ser mucho más potente que las recompensas físicas o las reprimendas.

Puede que creas que el miedo es más potente y estable a la hora de realizar las tareas. Sin embargo, también puede conducir a la corrupción y a medios poco escrupulosos en los que las personas tratan de torcer el sistema para evitar la reprimenda. En lugar de actuar con un sentido de lealtad interna, simplemente hacen cosas para evitar el castigo o la ira de su persona de influencia, lo que puede llevarles a utilizar medios poco éticos.

Por ejemplo, Adolf Hitler. Era alguien que no dirigía más que por el miedo. Ascendió al poder rápidamente inculcando una sensación de miedo a sus seguidores. La gente no tenía más remedio que obedecer. ¿Cuáles fueron los resultados? Devastadores, por decir lo menos.

Consolar a la gente cuando comete errores y generar confianza

Sé siempre una fuente de consuelo para las personas cuando quieras que realicen una acción o piensen de una manera determinada. Las personas deben poder sentirse seguras y reconfortadas en las horas más sombrías. No sea una fuente de depresión, negatividad, miseria y desánimo de sus seguidores. ¿Cómo afrontas las situaciones en las que su cónyuge, sus empleados, sus hijos y otras personas cercanas le decepcionan? ¿Reacciona inmediatamente y causa aún más daño a la situación ya volátil? Puede que esa no sea la mejor manera de afrontar la situación.

Consolar a las personas cuando se equivocan o le decepcionan ayuda a que se arrepientan del error en lugar de ponerse a la defensiva. Si se lanza a la ofensiva, prepárese para aceptar un camión de excusas y defensas. En lugar de culpar a las personas o acusarlas, intente ganarse su confianza haciéndoles entrar en razón. Los manipuladores saben cómo perdonar a la gente o pasar por alto sus faltas y, posteriormente, utilizar este perdón como palanca para generar confianza y conseguir que la otra persona realice la acción deseada o piense de una determinada manera.

Veamos un ejemplo. Un empleado por lo demás brillante, Rick, ha sido bastante decepcionante en su último proyecto. En lugar de menospreciarle por su dejadez, intente reconfortarle para que entienda qué es lo que realmente le ha llevado a esta inverosímil situación. Pregúntele a Rick si hay algo que puedas hacer para ayudarle. Intente averiguar si algo ha cambiado en los últimos días o si su moral está baja.

Acusar y reprender a la gente puede no llevarte muy lejos. Puede que no llegues a la raíz del problema. El miedo no fomenta las conversaciones constructivas. Supongamos que Rick ha hecho un nuevo grupo de amigos, que beben en el bar local hasta altas horas de la noche todos los días, lo que le ha llevado a no poder dedicar suficiente tiempo al trabajo. Es posible que no lo comparta con usted si considera que su enfoque es condescendiente y crítico. Una vez identificado el problema, podrían trabajar juntos para resolverlo. Sin embargo, para concretar el problema, tiene que ser una persona accesible, que le dé seguridad y le reconforte.

Descarte los rencores y sea positivo

Como manipulador o influenciador, es fundamental marcar el ritmo de una cultura organizativa más inclusiva que se nutra del progreso, la positividad y el perdón por encima de las mordidas, la venganza y las palabras sueltas que pueden obstaculizar la productividad. Dado que los influenciadores operan en el punto focal de las relaciones humanas, cada uno de sus movimientos debe estar dirigido a dar un ejemplo de generosidad y perdón.

Reflexione y recuérdese a sí mismo que guardar rencor o malos sentimientos contra la gente genera negatividad en su interior y ayuda inconscientemente a la otra persona a detectarla. Absorbe su energía y puede conducir a acciones irracionales o negativas. Le quita el foco a los objetivos productivos. Póngase en el lugar de otra persona. Imagínese en su lugar para intentar comprender qué le llevó a comportarse de esa manera sin juzgar duramente sus acciones. No es necesario que respalde o esté de acuerdo con sus acciones. Intente ver de dónde vienen. Una vez que les muestre una comprensión inesperada, se sentirán en deuda con usted. Esto puede ser aprovechado más tarde para conseguir que realicen la acción deseada.

En lugar de guardar rencor y buscar venganza, hable con la persona honestamente sobre cómo se sintió y acabe con ello. Se sentirá mejor y menos propenso a albergar rencores después de expresarse. Perdonar y olvidar el acto necesita un cierre. No se dirija a las personas con rabia, y al mismo tiempo libérese de guardar cualquier tipo de rencor hacia ellas. Además, no sirve de nada hablar a la gente en la cara y guardar rencor contra ellos en su interior. Deshágase de todos los malos sentimientos interna y externamente. Muestre compasión, hable con dulzura, intente comprender qué ha llevado a las personas a comportarse como lo han hecho y perdónelas por dentro.

Una de las mejores estrategias para descartar los rencores es llegar a algún tipo de entendimiento con una persona o grupo de personas. Consiga una garantía clara de que las personas no repetirán sus acciones. Esto le ayudará gradualmente a restablecer la confianza y a eliminar los rencores.

El perdón no le hace menos influyente. No implica que no esté operando desde una posición de poder o renunciando a su papel dominante. Simplemente significa que es lo suficientemente sabio como para dejar de lado las emociones negativas y centrarse en la positividad para aumentar la productividad de la organización.

Ser positivo es el grupo sanguíneo de todos los influencers. Hablando más en serio, todo el mundo tiene algunas características positivas y negativas. Si ha encontrado el ser perfecto, probablemente exista en otro planeta. Los grandes influenciadores, persuasores y manipuladores conocen el valor de cultivar una cultura que fomente los errores de los empleados como forma de aprendizaje y crecimiento. Aunque esto suena abiertamente optimista, a la larga conduce a menos errores. Todos los fracasos pueden incluir algún tipo de aprendizaje.

En lugar de centrarse en los puntos débiles de sus empleados, intente destacar sus puntos fuertes incluso cuando se refiera a sus errores. Esto da un poderoso giro positivo al proceso de evaluación de su acción. Veamos un ejemplo. Una empleada, Ann, carece de habilidades de gestión del tiempo, por lo que se ha saltado un par de plazos. Sin embargo, es muy buena investigadora.

Empieza diciéndole lo maravillosamente bien investigado que está el proyecto y el mayor aprecio que era capaz de obtener si se hubiera entregado a tiempo. Esto no hace que los miembros de su equipo se sientan devaluados o desmotivados. Estarán más motivados y decididos a aprender de su error en el futuro. El mero hecho de resaltar los aspectos negativos hace que la moral del empleado caiga en picado.

Un consejo sólido para ganarse la lealtad y la fidelidad de la gente es ser bueno con ellos cuando menos lo esperan. La gente asume automáticamente reacciones duras de los influencers cuando cometen errores. Sin embargo, si los trata con amabilidad y compasión, resaltando sus aspectos positivos, sólo estará reforzando su moral para no repetir el error.

Critique o amoneste el error, no a la persona. Un influencer maduro no recurre a los insultos ni a los ataques personales. La gente se frustra y se desmoraliza cuando se le critica en lugar de señalar sus actos. Esto genera resentimiento y rebelión en los seguidores. La gente no se sentirá muy cómoda discutiendo abiertamente con un influencer que recurre a criticar sus actos. Cuando la gente comete errores, ya se siente miserable por ello. Cuando les perdonas por ello, siempre recordarán el favor. Esto le da una base sólida para conseguir que hagan lo que usted quiere más adelante.

Hablar con dureza es como echar sal en las heridas existentes. No digas algo como "eres un trabajador terrible". En su lugar, intente decir "lo que hiciste no fue lo mejor. En su lugar, podrías haber hecho esto". De este modo, sigue señalando el error sin parecer personalmente ofensivo. Además, cuando se produzcan errores y surjan problemas a causa de ellos, deshágase del juego de la culpa. Forme parte de la solución en lugar de hacer que la gente se sienta fatal por sus errores. Un influenciador eficaz pasa del problema y utiliza un enfoque orientado a la solución. Céntrese en cómo remediar la situación problemática.

Capítulo 5: Cómo abordar la manipulación en las relaciones

La manipulación emocional o estar en una relación manipuladora es una de las cosas más desafortunadas que una persona puede experimentar. No solo destruye su sentido de la autoestima, sino que también le impide disfrutar de relaciones satisfactorias y gratificantes en el futuro. La manipulación va en contra del espíritu de una relación sana, feliz, positiva e inspiradora.

Si bien todos manipulamos de una u otra manera a nuestros seres queridos, la manipulación se vuelve siniestra cuando golpea las emociones o el sentido de autoestima de una persona para cumplir con una agenda egoísta. He aquí algunos tratos eficaces para hacer frente a la manipulación en las relaciones.

1. Observe atentamente sus sentimientos después de cada interacción. ¿La mayoría de las conversaciones o interacciones con su pareja le hacen sentir confuso, indigno o invadido por la duda? Si hace una comprobación rutinaria de sus sentimientos, podrá identificar una causa clara.

Por ejemplo, si se da cuenta de que siempre se siente culpable después de una conversación con su pareja. Rebobine la conversación y repase lo que ha dicho su pareja después de cada interacción. ¿Cómo empezó? ¿Cuáles son las palabras y frases típicas que utiliza al hablar? ¿Existe un patrón en lo que dicen y en cómo le hacen sentir?

Sería aún mejor si pudiera anotar sus sentimientos para identificar fácilmente el patrón emergente.

Dígase que el problema son ellos y no usted. Recuerde que sólo le están engañando para que piense que es su culpa o que no es lo suficientemente bueno. Lo más probable es que el manipulador esté lidiando con graves problemas propios, que es incapaz de manejar con eficacia. Esto es sólo para ayudarle a establecer un contexto para sus actos, no para que sienta simpatía por ellos. Tenga en cuenta que los manipuladores rara vez merecen compasión.

2. Evalúe su relación de forma objetiva. Si no puede determinar si realmente está en una relación manipuladora o si la persona lo es, obtenga una revisión de la realidad hablando con amigos o personas de confianza.

Pídales una evaluación objetiva de su relación con franqueza. ¿Creen que su pareja tiene expectativas poco razonables de usted? ¿Creen que su pareja se está aprovechando de usted? ¿Creen que está siendo emocionalmente vulnerable?

A veces, al hablar con una tercera persona, obtenemos una perspectiva que no habíamos considerado antes. Probablemente le dará una nueva forma de ver las cosas, lo que le permitirá actuar inmediatamente si le están manipulando.

3. Enfréntese al manipulador. Considere varios ángulos antes de ir a por todas y enfrentarse a su manipulador. Lo más probable es que no admita sus actos de manipulación, sobre todo si pareces inseguro y nervioso.

En lugar de hacer afirmaciones generales sobre cómo "te han estado utilizando" o "se han aprovechado de ti", vaya al grano. ¿Cómo le hace sentir una acción o unas palabras concretas? Enumere los casos concretos en los que ha sentido que se han aprovechado de usted. A continuación, haga una petición positiva y amable, pero asertiva, para que enmienden su comportamiento.

Le está comunicando al manipulador que es consciente de sus trucos, lo que le hace ser más cauto a la hora de manipularle. En el mismo sentido, también le está dando la oportunidad de que se ponga las pilas. Para salir de una relación emocionalmente manipuladora se necesita un verdadero esfuerzo y compromiso por su parte. Tendrá que permanecer atento y desarrollar reservas ilimitadas de autoestima y positividad.

4. Golpee con fuerza en su centro de gravedad. Si nada más parece funcionar, golpea al manipulador con fuerza en su centro de gravedad. A menudo recurrirá a estrategias malvadas, como hacerse amigo de sus amigos y luego hablar mal de usted o tentarle con una recompensa y luego echarse atrás o no cumplir su compromiso.

Como conoce a la persona a la medida, golpéela donde más le duele. Su centro pueden ser sus amigos, sus seguidores o cualquier cosa que consideren integral para su existencia. Utilice este conocimiento para ganarles en su propio juego.

5. No se adapte a sus ideas. La clave para evitar que le manipulen es reinventarse y tener sus propias ideas sobre las cosas en lugar de suscribir las suyas. Los manipuladores le meterán sus ideas por la garganta, ya que necesitan controlarle para promover su agenda. Tenga sus propios puntos de vista, ideas y opiniones claras sobre varios aspectos de su vida. Si le meten constantemente una idea determinada en la cabeza, es como consiguen encerrarle en una caja.

No intente encajar, céntrese en la reinvención. Trabaje duro para destacar entre los demás. Sea diferente, único y notable a su manera. El crecimiento personal y la construcción de su autoestima es la clave para luchar contra la manipulación.

6. No se comprometa. La culpa es una emoción poderosa que aprovechan los manipuladores. Utilizarán sus dudas y su

culpabilidad en su beneficio. El objetivo es destruir su sentido del equilibrio e infundirle una sensación de incertidumbre. Esta incertidumbre acaba llevándole a comprometer sus valores, ideales y objetivos.

Evite sentirse culpable o comprometerse. No dude de sí mismo ni de sus capacidades. Aunque tenga una relación con una persona, no le debe nada si no le trata con respeto. Toda persona merece sentirse maravillosa y positiva consigo misma. Si una persona no le hace sentir bien consigo mismo o con sus logros, puede haber un problema. Cree firmemente en sus valores e ideales. No comprometa sus valores, creencias, objetivos e ideales. Recuerde que merece sentirse bien consigo mismo y con sus logros. Debe haber un fuerte sentimiento de autoestima, seguridad en sí mismo y confianza en lo que está haciendo.

Un manipulador se vuelve impotente ante una gran confianza en sí mismo. Empiezan a perder su influencia una vez que aprendes a operar con confianza y te niegas a comprometerte con cualquier cosa que socave tu autoestima o tus valores fundamentales.

7. No pidas permiso. Esto es como darle al manipulador el pase para que te manipule como quiera. El problema es que desde la infancia estamos condicionados a pedir permiso. Cuando somos bebés, pedimos permiso para comer y dormir. A lo largo de la escuela, pedimos permiso para ir al baño, comer el almuerzo o beber agua.

Una consecuencia directa de esto es que, incluso de mayores, no dejamos de pedir permiso a las personas cercanas. En lugar de informar a su pareja de que tiene previsto quedar con un amigo para comer, le preguntará inconscientemente si le parece bien que planee algo con su amigo. Al pedir permiso constante y habitualmente, sólo está dando el control de su vida a otra persona, especialmente si es del tipo más manipulador.

No se preocupe demasiado por ser educado o hacer sentir bien a los demás a costa de su propia comodidad y felicidad. Recuerde que tiene derecho a vivir su vida exactamente como quiera. La manipulación emocional consiste en hacerle sentir en deuda o esclavizado por alguna regla imaginaria que solo existe en la mente del manipulador. Nunca querrán que se sienta autosuficiente y tome sus propias decisiones porque eso disminuye su poder sobre usted.

No es necesario someterse a sus dictados autoritarios ni consultarles antes de todo lo que hagas, a menos que les afecte de manera importante. Tuve un compañero de trabajo que pedía permiso a su novia incluso antes de ir a tomar un café o salir a comer. Era ridícula la forma en que ella lo trataba y trataba de controlar cada uno de sus movimientos. Como era de esperar, la relación terminó con una nota amarga.

Sin embargo, nadie puede hacerle sentir miserable sin su permiso. Y al pedir constantemente permiso, le está dando permiso a su pareja para que le haga sentir miserable, si es que eso tiene sentido. Puede hacer caso omiso de la obsesión del manipulador por confinarse en cualquier momento viviendo su vida como quiera, sin su interferencia o permiso.

8. Esté abierto a nuevas oportunidades. El manipulador quiere que pongas todos los huevos en su cesta para poder tirarla cuando le apetezca. No se encierre en ellas ni se ate a un compromiso con el que no se sienta cómodo. No se conforme ni acepte su vida actual. Si está en una relación muy manipuladora o abusiva emocional/físicamente, intente liberarse y explorar otras relaciones u oportunidades.

Los manipuladores en las relaciones suelen aprovecharse del hecho de que su pareja está "acostumbrada a ellos", "es adicta a ellos", "no puede prescindir de ellos" o "no puede conseguir a nadie mejor". A menudo permanecemos en relaciones abusivas porque creemos que no merecemos nada mejor o que no conseguiremos a nadie mejor. Existe un miedo a la soledad o una falsa sensación de estar en el capullo de una relación.

Libérese de esos patrones de pensamiento auto limitadores y poco saludables. Por supuesto, se merece algo mejor en la vida o encontrará a alguien que le trate con respeto y dignidad. Para mantenerse en su sitio, los manipuladores recurrirán a muchos insultos. Si expresa un deseo, le harán sentir que es arrogante, egoísta, orgulloso, frío e inhumano y muchas otras etiquetas poco caritativas.

Quieren que siga dependiendo de ellos. Al buscar nuevas oportunidades de trabajo, relaciones, aficiones, etc., sólo está debilitando su control sobre usted. Busque nuevas personas, haga nuevos amigos, únase a un club de aficiones, hágase voluntario en una ONG. Haga algo con propósito y significado que le dé la oportunidad de conocer gente nueva y vivir una vida más intencional. Solo así podrá empezar a ser autosuficiente e independiente.

9. No sea un bebé. Si le engañan una o dos veces, es vulnerable, pero si deja constantemente que la gente le pase por encima sin aprender la lección, es un auténtico bobo. Deje de permitir que los manipuladores se aprovechen de su credulidad. Desarrolle la autoconciencia sobre los manipuladores y conozca cómo operan. Tenga suficiente autoestima para rechazar a los manipuladores.

Conozco a muchas personas que van dormidas por la vida, permiten que la gente se aproveche de ellas y luego culpan a los demás de su situación. No puede ir por ahí ajeno a los manipuladores que intentan utilizarle para cumplir sus planes. En lugar de culpar al mal que le rodea, sea inteligente y tome el control de su vida. Sí, la desafortunada verdad de la vida es que las personas negativas y manipuladoras existen. Se aprovechan de las personas para llevar a cabo sus planes.

Sin embargo, esto no debería ser su billete para cometer los mismos errores una y otra vez y llorar. Los manipuladores no pueden manipular sin el permiso de sus víctimas. Acepte la responsabilidad de sus éxitos y fracasos. Si le superan en inteligencia o estrategia, no es culpa de nadie. Aprenda de los errores del pasado. Esté atento a un patrón que pueda revelar sus propias vulnerabilidades. No sigas confiando en las personas equivocadas una y otra vez.

Del mismo modo, no sigas dando múltiples oportunidades a una persona crónicamente manipuladora. Libérate de ellos. Elimina a los manipuladores de tu vida. Comprométete a rodearte de personas positivas, alentadoras y afines que no se aprovechen de ti.

Recuerde que tiene el control total de su vida. Apueste por sí mismo y no por otras personas. Si apuesta por otras personas o confía excesivamente en otras personas para su felicidad, se hace más vulnerable a la manipulación.

De nuevo, las víctimas de la manipulación no tienen mucha confianza en sus juicios. Aprenda a confiar en sus juicios e instintos. Usted sabe lo que es bueno para sí mucho mejor que nadie. No vaya por ahí preguntando a la gente cosas como "¿en qué soy bueno?", "a qué me dedico", "quién es el verdadero yo", etc. Simplemente está abriendo las puertas de la manipulació. No vaya por ahí demostrando su falta de conocimiento sobre sí mismo.

De nuevo, conozco a mucha gente que va por ahí buscando la validación constante de los demás. Miran a los demás para que los definan. Estas personas ni siquiera se compran un pantalón si no lo aprueban los demás. ¿Por qué deberían definirle los demás?

Defínase y confíe en su criterio. Los ganadores no son personas que tienen una capacidad más evolucionada para escuchar a los demás. Son los que han desarrollado la capacidad de sintonizar con sus creencias y juicios. No dependen de la validación o aprobación externa de sus creencias. Una confianza establecida en sus creencias y juicios hace que los manipuladores no tengan poder. Cuando no busca la validación de los demás, ellos no tienen el control de cómo le hacen pensar y sentir. Empiece a confiar en su instinto y en su juicio.

10. Manipuladores dependientes. Esto es un poco opuesto a la imagen estereotipada de un manipulador, pero existen. Al contrario que la mayoría de los manipuladores, un manipulador dependiente le hará sentir constantemente que no tiene poder y que depende completamente de sí. Le conceden la posición más alta en una relación hasta tal punto que se siente emocionalmente agotado mientras trata con ellos.

La manera de manejar este tipo de manipulación es hacer que tomen decisiones gradualmente. Hágales ver que son tan responsables de su bienestar como usted. Póngalos conscientemente en posiciones en las que se vean obligados a tomar una decisión. Hábleles de que su falta de responsabilidad en la toma de decisiones es estresante para usted. Con el tiempo, puede que les guste asumir la responsabilidad.

Capítulo 6: La manipulación de la opinión pública como orador

Si hay algo que distingue a los influencers del común de los mortales, siendo todo lo demás igual (talento, conocimientos, habilidades), es la forma de hablar de los influencers. El lenguaje de los influencers no es un lenguaje mágico. Sin embargo, es un lenguaje cotidiano hablado con eficacia. Los influencers conocen los secretos de la comunicación de impacto y, por lo tanto, son capaces de atraer a una mayor audiencia. Si ha pasado algún tiempo estudiando a los influencers, se dará cuenta de que hay algo que los diferencia de los empleados típicos. Exudan un aura de confianza, un magnetismo indiscutible y claridad a la hora de comunicar su mensaje. Su presencia vocal es suficiente para inspirar y animar a las multitudes.

Desde Benjamin Franklin hasta Bill Clinton, los buenos influenciadores son comunicadores excepcionales que han dominado el fino arte de influir en su audiencia a través de su voz y sus palabras.

Entienden que su carisma reside en hablar de una manera que inspire a la gente a escucharles. Entonces, ¿qué es el "lenguaje de los influencers"? se preguntará. He aquí algunos consejos de eficacia probada que pueden hacer que hable como tal.

1. Deshágase de esos embragues verbales

A menudo, cuando se dirige a un grupo de personas, la gente expone puntos fabulosos, pero lo arruina todo en un instante o disminuye el impacto/eficacia de sus puntos al incluir frases desechables que no contribuyen a dar más fuerza al mensaje. Por ejemplo, la gente suele terminar las frases con "y otras cosas", "etcétera" y "ya sabes, cosas así". No son más que deslices lingüísticos aletargados que se producen cuando no se sabe cómo terminar una frase/argumento con una postura verbal de impacto.

Estas muletillas verbales son más prominentes cuando se hace una pausa al dirigirse a un grupo o al pronunciar un discurso/presentación. Los sonidos ininteligibles como "er", "um" y "aa" pueden resultar enormemente incómodos e ineficaces. También lo son los gestos de lamerse los labios, los movimientos dramáticos de las manos y la tos constante. Todo esto distrae a los oyentes y afecta gravemente a la credibilidad del orador. El problema principal es que muy pocos nos damos cuenta de que hay un problema.

Una de las mejores maneras de abordar esta cuestión es utilizar una aplicación de teléfono y grabarse a sí mismo hablando de un tema al azar extemporáneamente durante un par de minutos. Después, vuelva a la grabación y anote el número de veces que ha utilizado muletillas verbales. Esta sencilla técnica le ayudará a ser más consciente de sí mismo mientras hablas.

Una buena narración y un lenguaje eficaz implican el uso de palabras definitivas pronunciadas con garbo y humildad. Absténgase de utilizar términos como "como" y "más o menos". No sólo es débil e ineficaz, sino que resulta francamente chocante para el público.

2. Utilice los superlativos con moderación

Cuando se suelta "asombroso", "fantástico", "épico", "increíble" y cosas por el estilo a cada momento, se empieza a perder el sentido. El exceso de énfasis en los superlativos desvanece su verdadero significado. Cada vez que una persona influyente o un modelo de conducta asigna lo extraordinario a cosas comunes, contribuye a que suene repetitivo, lo que hace que lo realmente excepcional no destaque.

Así que cada vez que tenga la tentación de decir que la presentación de alguien ha sido increíble o que el proyecto se ha llevado a cabo de forma "increíble", tómese unos minutos para reflexionar sobre su elección de adjetivos. Hable de cómo el proyecto estaba bien investigado, era completo y estaba lleno de datos raros. Los elogios o descripciones genéricas no sirven para inspirar a la gente ni para que le escuchen. "Esto es muy detallado y articulado" puede ser más eficaz que "buen trabajo" para levantar el ánimo de la gente, al tiempo que le hace parecer como un comunicador eficaz.

3. Resisting to back down

No intente equivocarse cuando hable de temas cruciales o difíciles. Es comprensible que hablar de cosas no tan agradables requiera una gran valentía verbal y personal, sin embargo, no tiene sentido dar rodeos cuando hay que transmitir asuntos importantes al equipo.

Resista el impulso de utilizar un lenguaje perezoso, ya que el uso de un lenguaje claro y conciso solo aumentará su valor y le ayudará a conectar/internar lo que realmente hay que decir, por muy desagradable que parezca.

Utilice frases concretas y correctas para describir la situación. Aclare su postura si es necesario. Como influencer, tendrá que aprender a llamar a las cosas por su nombre. Practique su discurso frente al espejo si se pone nervioso antes de una presentación o discurso importante. Se dará cuenta de sus gestos, expresiones, lenguaje corporal y, básicamente, sabrá con exactitud la eficacia con la que se presenta ante el público para hacer los cambios necesarios.

4. Simplificar la narración

Utilice la antigua narrativa para estructurar su discurso: introducción, cuerpo y conclusión. Cuanto menos complicada sea la narración, más fácil será su comprensión. Sepa exactamente qué información debe incluir y qué debe eliminar para que sea breve pero impactante. A nadie le gusta escuchar a alguien que repite las mismas ideas. Al final, la idea pierde su impacto.

Como regla general, evita hablar de más de una diapositiva por minuto, y más de cuatro puntos por diapositiva. Si hay que cubrir más información mientras se dirige a un grupo, hable sólo de lo más destacado, mientras distribuyes folletos a su audiencia. Intente siempre abrir y cerrar la presentación con una diapositiva similar para mantener la uniformidad y una buena simetría. Utilice gráficos y vídeos para ayudar a su narración y contar una buena historia.

Además, preste mucha atención a su inflexión durante la narración. Demasiados aspirantes a influenciadores y personas influyentes hacen una inflexión hacia arriba hacia el final de la frase, lo que produce un efecto de canto muy molesto que le hace parecer ineficaz y tímido. La inflexión hacia abajo le hace parecer autoritario y seguro, lo que es vital cuando se trata de influir en la gente.

La charla con inflexión ascendente le hace aparecer como un individuo que carece de disciplina, confianza y atención. Deténgase ahora mismo si está haciendo esto.

Los cliff hangers son otro punto negativo para un influenciador carismático. Muchos presentadores alcanzan un crescendo brillante en sus charlas, pero lo echan a perder por no saber concluir de forma clara y decidida. Esto es especialmente cierto si está influenciando a la gente para que le compre. Hay que incluir una "llamada a la acción" definitiva o desencadenar a la gente en la dirección correcta terminando el discurso de forma persuasiva. Termine con el impacto necesario y deje unos segundos para que el público asimile sus comentarios o preguntas finales.

5. Pasar por alto las lagunas verbales

¿Cuántas veces ha observado que los presentadores interrumpen torpemente el ritmo de un discurso disculpándose por un lapsus que nadie ha notado? Está bien tropezar con algunos términos aquí y allá mientras se dirige a un público o a un grupo. A no ser que se trate de una gran metedura de pata con importantes ramificaciones, no es necesario detenerse a mitad de camino para pedir disculpas. Siga adelante como si no fuera gran cosa.

La mayoría de la gente no se da cuenta de estos deslices hasta que los menciona voluntariamente, lo que atrae la atención inútilmente y aleja el foco de su mensaje principal. No sólo se desconcierta a sí, sino que también despista al público.

6. Crear momentos memorables para la audiencia

La mayoría de los oradores creen erróneamente que la presentación o la charla gira en torno a ellos. Nada más lejos de la realidad. Para que su charla sea más impactante, haga que gire en torno a su público. Es más probable que le escuchen y se dejen influir cuando se den cuenta de que está centrado en ellos.

Reconozca o agradezca a un miembro del público, tal vez un incondicional que ha estado trabajando incansablemente para la organización y que se va a jubilar pronto. Celebre un logro reciente importante de un miembro del público. Cuanto más atraiga a su público al centro de atención reconociendo sus esfuerzos, mayores serán sus posibilidades de aumentar su propio poder de reconocimiento.

Capítulo 7: Manipulación con Small-Talk

Según los estudios, cuando se conoce a una persona por primera vez, ésta le juzga en los primeros 4 segundos de la interacción. Sí, es cierto. Deciden si les gusta o no a los 4 segundos de conocerle. ¿Asusta? ¿Cómo se conquista a personas que se acaban de conocer? También tengo una poción mágica para eso: se llama "small talk".

Aunque pueda parecer inútil, las conversaciones triviales son un excelente método para romper el hielo y eliminar elementos de incomodidad y malestar entre la gente. Le hace parecer una persona amable y simpática, además de ayudarle a desarrollar una buena relación con la gente y crear una primera impresión estelar. Las conversaciones triviales también sientan las bases de una relación gratificante. Cree un ambiente más positivo y beneficioso que pueda desencadenar conversaciones más amplias.

Cuando se trata de romper ese incómodo hielo inicial y de preparar el terreno para una relación significativa y fructífera, pocas cosas funcionan tan milagrosamente como una pequeña charla. Tanto si se trata de una reunión de negocios como de un club de citas, las conversaciones triviales tienen un gran efecto a la hora de manipular e influir en la gente, establecer relaciones y ser un persuasor carismático.

¿Se ha preguntado alguna vez cómo consiguen algunas personas que les compren las bebidas en el bar o que hagan amigos en hordas allá donde vayan? ¿Por qué las interacciones con algunas personas quedan grabadas en nuestra memoria para siempre mientras que de otras apenas nos acordamos? La respuesta es, bueno, la charla. He aquí 15 reglas para conquistar a la gente utilizando el poder de la charla trivial.

1. Limítese a los temas seguros

Cuando hable con personas que acaba de conocer, cíñase siempre a temas universales, inofensivos y no tóxicos (especialmente con gente de otra cultura, lugar, raza, religión, etc.). Los temas infalibles de la charla son el tiempo, el cine, la economía mundial, las noticias de última hora y la comida. Un consejo profesional sugerido por los psicólogos sociales es basar la conversación, en la medida de lo posible, en puntos comunes. Identifique los puntos en común entre usted y la otra persona y céntrese en esos temas.

Es fácil medir el nivel de comodidad de una persona sobre un tema concreto a través de su lenguaje corporal (a menos que lea un montón de libros de autoayuda como usted y haya aprendido a fingir). Si su reacción ante un tema concreto es positiva y entusiasta, siga con él. Preste siempre atención a las pistas no verbales cuando saque un nuevo tema de conversación. Los manipuladores saben exactamente cómo llevar a la otra persona a un estado de ánimo más positivo para conseguir que haga exactamente lo que ellos quieren. Una vez que la persona desarrolla una relación sólida contigo y se siente bien en su compañía, es más probable que haga lo que usted quiere.

2. Hacer preguntas abiertas

La regla de oro para atraer a las personas a una conversación o conseguir que compartan más en sus interacciones iniciales es hacer más preguntas abiertas. Los influencers e influenciadores entienden la importancia de hacer preguntas suaves y genuinas que revelen que están realmente interesados en saber más sobre la otra persona.

Una de las estrategias de manipulación más importantes a la hora de establecer una relación con desconocidos o de entablar una conversación es recopilar toda la información posible sobre ellos y aprovecharla para que realicen la acción prevista.

Por ejemplo, si acaba de enterarse de que la persona con la que está conversando forma parte de una ONG local, hágale preguntas abiertas relacionadas con ella. ¿Qué les inspiró a formar parte de la ONG? ¿Cuáles son las iniciativas en las que ha participado?

Aprenda a fijarse en lo que realmente apasiona a la gente y cree un flujo de conversación basado en la formulación de preguntas abiertas relacionadas con ese tema para aprender más sobre ellos. Si a alguien le apasiona de forma innata explorar diferentes lugares y culturas, pregúntele por sus últimas vacaciones. Aléjese de los temas controvertidos y personales. La persona le aceptará rápidamente si parece genuinamente interesado en saber más sobre sus intereses.

3. No se pase con el humor

A veces, la gente está tan dispuesta a causar una buena impresión haciéndose pasar por ingeniosa y graciosa que acaba por molestar a la gente, especialmente a aquellos cuyos gustos no conoces.

Para evitar que el humor sea contraproducente, no se pase de la raya con las burlas, los comentarios sarcásticos o el humor irónico. Puede que a usted le parezca divertido, pero la otra persona puede no apreciarlo. Incluso los comentarios aparentemente inofensivos transmiten una impresión equivocada sobre usted. Los chistes/comentarios neutrales e inteligentes están bien hasta cierto punto, pero no los haga personales.

Evite tratar de parecer demasiado inteligente o familiar burlándose de la gente sin entender si son capaces de tomarlo con el espíritu correcto. Tómate el tiempo necesario para conocer y entender bien a la gente sin actuar de forma familiar y extra-amigable.

4. Friendly disagreement

Para evitar que la conversación inicial resulte polémica, exprese su desacuerdo sin diplomacia. En lugar de lanzarse a un ataque enconado o a un insulto a la defensiva (algo que está absolutamente prohibido), intente un enfoque más políticamente correcto (pero genuino).

Diga algo genuino y no controvertido como: "Es una perspectiva interesante y diferente. Ahora siento curiosidad por ese punto de vista. ¿Puedes explicarlo mejor?", está afirmando que el punto de vista no coincide con el tuyo sin preparar el terreno para la Tercera Guerra Mundial.

5. Sea un oyente excepcional

No es ningún secreto. En un mundo en el que todos quieren hablar de sí mismos, los buenos oyentes son muy apreciados. Es fácil influir en las personas cuando están convencidas de que le interesa de verdad lo que tienen que decir.

La gente cree erróneamente que ser un buen comunicador consiste en poseer las mejores habilidades para hablar. Eso es sólo una parte, amigos. La otra mitad, probablemente más importante, es escuchar.

Ser un ninja de las habilidades sociales no significa hablar hasta la saciedad sin dar a los demás la oportunidad de hablar. Las personas influyentes saben cuándo dejas que los demás hablen y responden de forma positiva/alentadora.

Demuestre a la gente que se interesa seriamente por lo que están hablando a través de pistas verbales y no verbales. Reconozca o parafrasee lo que dicen para que sepan que realmente les está escuchando. Asienta con la cabeza, exprese con la mirada, inclínese hacia delante y mantenga los brazos/piernas desplegados (para mostrar que está abierto a escucharles) para revelar su interés en lo que están hablando a través de reacciones no verbales.

A todo el mundo le gustan las señales de afirmación de que se les escucha con entusiasmo, lo que a su vez les anima a corresponder cuando usted habla. Las personas influyentes, los modelos de conducta y los influenciadores excepcionales comprenden el poder de desarrollar grandes habilidades de escucha para hacerse más simpáticos a sus seguidores.

6. Revele un hecho interesante sobre sí mismo

De acuerdo, esto no significa que se lance a contar con quién está saliendo o que su cuenta bancaria acaba de marcar un millón de dólares. Sin embargo, un hecho divertido, inofensivo e interesante sobre usted mismo le hace inmediatamente simpático a la gente. Será más probable que presten atención a lo que dice cuando se den cuenta de que confiaba lo suficiente en ellos como para compartir cosas sobre usted. Pero no lo haga demasiado personal, es la regla de oro.

Puede ser algo parecido a su autor favorito y por qué le gusta su obra. ¿Por qué elegiste una vocación o una especialidad en la universidad? ¿Por qué te gustó viajar a un lugar concreto y disfrutaste de su ambiente/cultura? Debe ser como un interesante adelanto de sí mismo (por qué le gustan las magdalenas o por qué decidió llamar a su perro por un nombre concreto) sin que suene personal, jactancioso o exagerado.

7. Evitar los callejones sin salida de la conversación

Habrá esos incómodos huecos en la conversación que quizás no consiga llenar. Lo mejor que puede hacer en ese caso es buscar pistas a su alrededor para reavivar la conversación. Puede ser cualquier cosa, desde un folleto hasta otras personas que le rodean, pasando por detalles sobre el local en el que está. Hay pistas de conversación en casi todas partes sobre las que puede empezar a construir una conversación estimulante y significativa.

8. The fine balance between questions and statements

Mantenga un fino equilibrio entre hacer declaraciones y formular preguntas. Una pequeña charla exitosa mezcla brillantemente preguntas y declaraciones para crear un intercambio más sano.

Demasiadas preguntas harán que parezca un interrogatorio unidireccional. Mientras que demasiadas afirmaciones harán que parezca que la charla se centra sólo en ti, lo que puede resultar muy molesto para la otra persona.

Los modelos de conducta saben cómo equilibrar la conversación para que la gente escuche. Acompañar las afirmaciones con preguntas de reflexión, como: "Me gusta mucho el aeróbic y la zumba, ¿cómo pasas tus horas de ocio?" o "Me gusta mucho ver ese reality show que la mayoría de la gente cree que está guionizado, ¿lo ves?

Está compartiendo sus puntos de vista, pero también está dando a la otra persona la oportunidad de compartir su opinión. Esta técnica de ida y vuelta le permite mantener una conversación agradable y completa.

9. Empatizar con la gente

Empatizar con la gente es una de las formas más seguras de ganarse su confianza y conseguir que le guste. No confundas la empatía con la simpatía. La empatía no consiste en compadecerse de alguien o hacerle sentir lástima por sí mismo. Se trata de ponerse en el lugar de otra persona y tratar de entender cómo se siente o las emociones que experimenta.

Decir cosas como "entiendo de verdad por qué te sientes así" o "comprendo de verdad cómo te sientes sobre este tema" o "debe haber sido muy duro para ti, pero has demostrado un valor ejemplar" contribuye en gran medida a crear una relación con la gente. Esto sienta las bases de una ecuación basada en la empatía, la comodidad y la comprensión, que es lo que los influencers/modelos de conducta necesitan para inspirar a sus seguidores.

Es más probable que la gente hable y comparta sus sentimientos con usted cuando se da cuenta de que entiende su situación. Pero no se ponga dramático y finja llorar lágrimas de cocodrilo para demostrar que realmente siente algo por la otra persona. Eso lo desvirtúa por completo.

10. Manténgase positivo

Cuando conozca a alguien por primera vez, mantenga siempre la conversación centrada en temas positivos. Incluso cuando sienta que la otra persona se adentra en un terreno negativo o controvertido, llévela suavemente a un terreno de conversación más positivo. Además, cíñase a temas de los que la mayoría de la gente del grupo tenga un conocimiento decente. Obviamente, no va a encontrar muchos adeptos si se pone a hablar de la dinámica del mercado de valores en una clase o grupo de meditación. Mantenga una actitud positiva para ganarse la confianza de la otra persona antes de conseguir que haga lo que usted quiere.

Antes de que lleven a cabo la acción prevista o le "compren", tienen que "comprar" su confianza y su fe. Para ello, hay que mantener una actitud positiva al principio para crear el factor de confianza.

Quédate con los temas que ofrezcan un margen mínimo para el desacuerdo, los conflictos y las controversias. Mantén el equilibrio y la sencillez para que la conversación tenga éxito al principio. Si Molestas a la otra persona al principio con un montón de temas negativos o controvertidos, es probable que se desconecte y desarrolle sentimientos negativos hacia ti, algo que no quieres.

11. El lenguaje corporal dice mucho

El lenguaje corporal o las pistas no verbales pueden transmitir mucho más que las palabras. Envía las señales de lenguaje corporal adecuadas para crear una impresión más favorable y hacerse más simpático.

Pequeños gestos como sonreír con frecuencia, asentir con entusiasmo, rozar ligeramente con el brazo a la otra persona, mantener un contacto visual constante, dar un apretón de manos firme, mantener un tono enérgico y animado y otras señales similares pueden contribuir en gran medida a establecer una persona más simpática e influyente. Recuerde que no tiene una segunda oportunidad para causar una primera impresión. Deje que cada gesto cuente.

12. Excavar un poco

Un poco de trabajo de fondo sirve para crear una primera impresión impactante. Tanto si se dirige a una fiesta como a un importante evento de networking empresarial, tenga preparados algunos temas tras investigar los intereses predominantes del grupo. Por ejemplo, si se entera de que el anfitrión o los socios están muy interesados en el espiritismo, los viajes o la cocina, investigue los temas de moda en esos ámbitos para iniciar una conversación interesante. Esto le ayudará a encajar en el grupo sin esfuerzo.

Podrá animar la conversación y sacar a la gente de su ignorancia. Busque en los periódicos del día los titulares más destacados, repase las reseñas de libros, lea las críticas y valoraciones de las películas o infórmese sobre la última tendencia en materia de salud que circula por las redes sociales. Estos temas de interés para la mayoría de la gente pueden ayudarle a parecer bien informado y conocedor del mundo ante un nuevo público.

Si conoce los nombres de las personas con las que se va a reunir de antemano, puede rastrear sus huellas sociales en las distintas redes sociales (pero no se dedique a acosarlas y a hacer evidente que está consultando su perfil cada dos minutos). Es fácil calibrar los intereses, la actitud y las opiniones de las personas a través de sus perfiles en las redes sociales. Esto le dará una buena indicación sobre sus gustos y manías, que luego puede utilizar para entablar una conversación provechosa.

13. Aprovechar las similitudes

Esto es especialmente cierto cuando se interactúa con personas de diversas culturas y orígenes. Encuentre puentes de conexión y aproveche cada oportunidad que se le presente. Encuentre un interés común, su cocina favorita, un libro que ambos hayan disfrutado leyendo o cualquier otro punto en común.

Incluso si se trata de algo aparentemente cursi, como llevar la misma camisa/vestido o zapatos, menciónalo siempre para establecer una plataforma de simpatía. Los seres humanos se sienten atraídos por las personas que son similares a ellos. Cuando la gente se da cuenta de que sus gustos o preferencias son muy parecidos a los suyos, es más probable que le escuchen o admiren.

14. No descuide el aseo personal

Aunque sea un excelente conversador con un lenguaje corporal impecable, pocas cosas pueden crear una primera impresión negativa como un aseo personal descuidado. Aunque esto parezca básico, mucha gente lo considera insignificante y se centra en las "cosas más importantes".

No asista nunca a ninguna reunión social sin ducharse o peinarse con esmero. Mantenga una higiene y un aseo correctos. Utilice una fragancia agradable, pero que no sea excesiva. Lleve unos cuantos caramelos de menta consigo. Lleve un peinado cuidado, mantenga las uñas bien cuidadas y los dientes blancos y brillantes.

Llevar la ropa limpia y planchada. Es sorprendente la cantidad de personas que salen perdiendo simplemente por no prestar atención a estos aspectos elementales. La ropa y el aseo personal contribuyen a su imagen incluso antes de empezar a hablar. Lo más probable es que si se presenta mal arreglado, la gente ni siquiera le dé la oportunidad de hablar con ellos. La gente desorganizada y de aspecto desordenado rara vez influye en los demás o actúa como modelo creando una primera impresión favorable.

15. Deje de lado la incomodidad del saludo

Saludar a las personas cuando se las presentan por primera vez puede ser sin duda incómodo, especialmente si pertenecen a una cultura o región diferente. Es posible que no sepa cuál es el saludo adecuado. Algunas personas no se sienten cómodas ni siquiera con un ligero beso en la mejilla, mientras que otras pueden no apreciar un prolongado apretón de manos. En ese caso, es seguro esperar a que la otra persona dé el primer paso. Si no lo hace, mantenga la universalidad: sonría con su mejor sonrisa, salude y ofrezca un breve pero firme apretón de manos.

Bono - Consejos para detectar y superar la manipulación y fortalecer su autoestima

Te guste o no, el mundo está lleno de lobos con piel de cordero. No se puede hacer mucho contra los manipuladores patológicos y emocionales que intentan aprovecharse de sus sentimientos y emociones para satisfacer sus deseos. Sin embargo, puede ganarles en su propio juego utilizando un montón de técnicas de astucia. La manipulación, si no se reconoce y se maneja con eficacia, puede acabar con su sentido de la autoestima y la cordura. Al reconocer y hacer frente a la manipulación, se defiende y no permite que los siniestros manipuladores cumplan sus planes pisoteando sus sentimientos.

Aquí algunos trucos inteligentes y eficaces para superar a los manipuladores en su propio juego.

1. Ponga en el punto de mira a los manipuladores planteando preguntas de sondeo. Los manipuladores exigen constantemente cosas o hacen ofertas a sus víctimas. Como víctima, le harán sentir que tiene que demostrar su valía todo el tiempo. A menudo se desvivirá por cumplir estas exigencias. Deténgase. Cada vez que se encuentre con una petición irrazonable, responda con unas cuantas preguntas de sondeo y cambie el enfoque hacia ellos.

Por ejemplo, ¿le parece una petición legítima y razonable?

¿Crees que lo que me has pedido es justo o ético?

¿Tengo derecho a negarme?

¿Me estás pidiendo o exigiendo que lo haga?

¿Quéo gano con esto?

¿Realmente esperas que lo haga?

¿Está razonablemente justificado que espere que lo haga?

¿Quién es el que más gana con esto?

Básicamente, son preguntas que les muestran el espejo, donde pueden ser testigos de su verdadera estratagema siniestra. Si el manipulador es consciente de sí mismo o se da cuenta de que ha visto sus motivos, lo más probable es que retire la petición.

Los manipuladores intentan poner el foco en usted como si fuera indigno o "malo" si no hace algo por ellos. Tiene que volver a poner el foco en ellos haciéndoles pensar si su petición está realmente justificada o es razonable, haciendo que se vean como personas con motivos malvados.

Las preguntas acabarán obligando al manipulador a darse cuenta de que está viendo su juego. La responsabilidad de la acción pasará ahora de usted a ellos.

Por ejemplo, si usted rechaza la petición del manipulador, la carga de justificar su acción no recae sobre usted. Al hacer preguntas de sondeo, está pidiendo al manipulador que justifique la razonabilidad de su petición. Así, en lugar de sentirse culpable por rechazar algo, está haciendo que el manipulador se dé cuenta de que tiene la culpa por tener expectativas poco razonables.

Además, hágale saber a su manipulador que no acepta que le trate como lo hace. Deje suficientemente claro que no aprecia sus formas.

Por ejemplo, si usted ya está preocupado por algo y el manipulador le pide que haga algo por él, diga algo así como: "No me gusta cuando ya estoy trabajando en algo y me haces otra petición antes de terminar la tarea actual".

Del mismo modo, cuando una persona intente forzarle a tomar una decisión que le beneficie, diga algo como: "Soy capaz de tomar mis propias decisiones y le agradecería mucho que no me coaccionara para tomar una decisión a toda prisa". Está siendo asertivo y regañando a su manipulador sin ser grosero. Simplemente está defendiendo su derecho e informándole de que tiene derecho a tomarse su tiempo para decidir, y que podría ser contraproducente si le presiona para que tome una decisión.

2. Tómese su tiempo para satisfacer una petición. Los manipuladores no solo harán peticiones poco razonables, sino que también le presionarán para que tome una decisión rápida. Quieren ejercer un control, una influencia y una presión óptimos sobre usted para conseguir que actúe de una manera específica inmediatamente. Los manipuladores se dan cuenta de que si se toma más tiempo, las cosas pueden no ir a su favor.

Haga exactamente lo contrario de lo que quieren, tomándose más tiempo. Los vendedores siempre se centran en cerrar el trato pronto. Distánciese de la persuasión del manipulador y tómese su tiempo para llegar a una decisión. No tiene que actuar de inmediato por mucho que la persona intente presionarle.

Toma el control sobre la persona y la situación diciendo algo como: "me gustaría tener más tiempo para pensarlo" o "es mi derecho tomarme más tiempo para pensar en una decisión tan importante como esta" o "necesito evaluar los pros y los contras antes de llegar a una decisión".

Puede aprovechar este tiempo para negociar a su favor.

3. Diga no de forma asertiva pero diplomática. Este es un arte que sólo se consigue con la práctica. No querrá ofender al manipulador diciéndole un no rotundo. Sin embargo, debe ser firme y hacerle saber que no va a permitir que le pisotee. Manténgase firme, sin dejar de ser educado y cortés. No tiene que sentirse culpable por su derecho a rechazar una petición poco razonable.

Si no está dispuesto a hacer algo, diga: "Entiendo que quieres que haga esto, pero también siento que no estoy dispuesto a hacerlo ahora mismo". Otra forma de articular sus necesidades es: "lo mejor que puedo hacer en este momento es...". Una de las apuestas de respuesta es centrarse en sus necesidades por encima de las del manipulador sin sentirse culpable.

Uno de los trucos más astutos que utilizan los manipuladores es hacer que se sienta culpable cada vez que no accede a su petición. Cuando deja de sentirse culpable por defenderse o por ejercer su derecho a ser tratado con respeto, los manipuladores se vuelven impotentes.

4. Conozca sus derechos fundamentales y su valor. El arma más importante cuando se enfrenta a los manipuladores es saber cuándo se violan sus derechos. Tiene el derecho absoluto de defender esos derechos y defenderse. Tiene el derecho fundamental a ser tratado con respeto y honor.

De nuevo, tiene derecho a expresar sus emociones, necesidades y sentimientos. Tiene derecho a establecer sus prioridades, a rechazar algo sin sentirse culpable, a protegerse a sí mismo o a sus seres queridos de cualquier daño, a adquirir lo que paga y a vivir una vida feliz, sana y plena.

Estos son sus límites y puede recordar a la gente que respete estos derechos. Los manipuladores psicológicos suelen querer quitarle sus derechos fundamentales en un intento de ejercer un mayor control sobre sí. Sin embargo, el poder y la autoridad para tomar las riendas de su vida reside en sí, y no debería perder la oportunidad de recordarle a su manipulador que sólo usted tiene el control de su vida. Aléjese de las personas que no respetan estos límites básicos.

5. Mantenga la distancia. Una de las formas más eficaces de detectar a un manipulador es observar si actúa de forma diferente con distintas personas o en diversas situaciones. Por supuesto, todos venimos con algún diferencial social, pero si la persona se comporta habitualmente fuera de su carácter en los extremos, puede ser un maestro de la manipulación.

Piense en ser antinaturalmente cortés con una persona y al minuto siguiente francamente grosero con otra, o en actuar de forma vulnerable en un momento y en el siguiente volverse agresivo. Cuando sea testigo de este tipo de comportamiento, mantenga las distancias con esa persona. Evite interactuar con estas personas hasta que sea absolutamente necesario. Puede acabar invitando a los problemas. Hay muchas razones por las que la gente manipula, y es muy complejo psicológicamente. No intente arreglar a los manipuladores todo el tiempo. No es su deber cambiarlos. Sálvese a sí mismo pasando página.

6. Evite culparse o personalizar. Uno de los trucos más suaves que utilizan los manipuladores es hacer sentir a sus víctimas que siempre es su culpa (la de la víctima). Independientemente de lo que

el manipulador haga o sepa, nunca asumirá la responsabilidad de sus faltas. Siempre culparán a la víctima de todos sus males.

Como víctima de la manipulación, tiene que dejar de personalizar. El problema no está en sí, ya que simplemente le hacen sentir que es su culpa, por lo que cede sus derechos al manipulador y se vuelve impotente.

No se deje llevar por la idea de que es un problema o que el problema está en sí. Conocí a una amiga a la que su marido reprendía constantemente por trabajar duro para mantener a la familia. Él no perdía la oportunidad de recordarle que no era una buena esposa o madre porque siempre estaba trabajando. En su mente, estaba trabajando duro para dar a sus hijos un gran futuro (lo que realmente no la convertía en una mala madre).

Sin embargo, en su intento de conseguir el control absoluto sobre ella, la culpaba constantemente y la hacía sentir incompetente como esposa y madre. Al principio, mi amiga creía todo lo que le decían de que era una mala madre y esposa. Sin embargo, con el tiempo, se dio cuenta de que simplemente la culpaban porque su marido no podía asumir sus propios defectos.

Hágase estas preguntas antes de culparse a sí mismo -

¿Te tratan con respeto?

¿Son razonables las exigencias de la persona?

¿Me siento bien conmigo mismo cuando interactúo con esta persona?

Estas son pistas importantes sobre el verdadero problema.

7. Establezca consecuencias para el comportamiento manipulador. Los manipuladores psicológicos y patológicos siempre insistirán en ignorar sus derechos. Rara vez aceptan un "no" como respuesta, y se

ofrecen a montar en cólera o a volverse agresivos. Reconozca y establezca claramente las consecuencias si recurren a la agresión como respuesta a su negativa a cumplir con su petición irrazonable.

Una consecuencia comunicada y afirmada eficazmente puede servir para inmovilizar a una persona manipuladora y obligarla a cambiar su postura, pasando de violar sus derechos a respetarlos. Al reforzar las consecuencias, descubre sus intenciones ocultas y le obliga a cambiar su actitud hacia usted. Básicamente, le está quitando el poder.

Es importante oponerse a las tácticas de intimidación del manipulador. A menudo intentarán asustarte para que cedas a sus exigencias. Los manipuladores pretenden aferrarse a sus debilidades para sentirse superiores y poderosos. Si se mantiene pasivo y les sigue el juego, se aprovecharán más de usted. Enfréntese a ellos y ejerza sus derechos. Como los manipuladores son intrínsecamente cobardes, se retirarán.

Las investigaciones han demostrado que la manipulación está estrechamente relacionada con una infancia abusiva o con ser víctimas de acoso escolar. Esto no justifica de ninguna manera el acto de un manipulador. Sin embargo, si tiene esto en cuenta, encontrará formas más sanas y eficaces de responder al manipulador.

8. Valórense por lo que son. Los manipuladores se alimentan de la baja autoestima de sus víctimas. Siempre atraparán a personas vulnerables, inseguras, con poca confianza en sí mismas y que no conocen su verdadero valor.

Rara vez el manipulador irá a por personas con una alta autoestima o sentido de la valía personal. Si puede mantenerse fuerte y enfrentarse al manipulador estableciendo su autoestima, es evidente que no permitirá que nadie le controle.

9. El silencio es oro. A los manipuladores les encanta el drama. A

menudo provocarán en usted sentimientos de ira, miedo, tristeza y más para pensar que han ganado puntos sobre usted. La mejor manera de lidiar con esto es mantener la calma y practicar la respiración profunda. Concéntrese en su respiración y en cómo se siente su cuerpo. Intente relajar los músculos y mire al manipulador a los ojos.

Este simple lenguaje corporal de confianza y afirmación puede sacarlos de la tangente. Un manipulador no sabe cómo lidiar con su tranquilidad en una situación así. Están totalmente equipados para lidiar con su ira y su miedo. Sin embargo, no esperan que reacciones con calma. Eso les enfurece y les dice que la estratagema no me parece eficaz en usted. Aprenderán que las emociones no cambian y cambiarán de objetivo.

No me malinterprete. No estoy abogando por abandonar una relación a la primera señal de manipulación. La manipulación puede aparecer poco a poco incluso en relaciones por lo demás felices y satisfactorias, y no significa necesariamente el fin de una relación. Antes de tomar cualquier medida drástica, mantenga una conversación franca y abierta con su pareja o con la persona que le manipula. Ármese de valor y pregúntele por qué le están haciendo esto. Estas respuestas pueden darle pistas vitales sobre su estado de ánimo y su próximo paso.

Si ya ha intentado tener una comunicación abierta con su pareja y no quiere, puede ser el momento de explorar otras opciones como la terapia o el asesoramiento. Sin embargo, ambos deben comprometerse a superar la manipulación en la relación.

Si nada más funciona, tendrá que armarse de valor para dejarlo. He visto a personas salir de relaciones manipuladoras a través de la terapia, y no llevan vidas más felices y satisfactorias. Así que no es que la manipulación sea el fin de una relación. En todo caso, utilícela como una oportunidad para identificar los defectos de su relación y repararlos gradualmente.

10. Practique el autocuidado. Enfrentarse a una relación de manipulación puede ser intensamente agotador y estresante. Asegúrese de practicar el autocuidado para nutrir su mente, cuerpo y espíritu, y no deje que la manipulación le pase factura. Es común sentirse estresado al final de cada interacción con un manipulador (ya lo he hecho).

Cuando sienta que su energía mental se agota tras la comunicación con un manipulador, haga meditación, yoga o respiración profunda. Infunde una sensación de calma en su ser. Haga algo agradable y emocionante para evitar que los sentimientos negativos le estropeen el día. Vaya a dar un largo paseo en medio de la naturaleza o hable con alguien de confianza.

Consejos sólidos para aumentar su autoestima

El núcleo de ser manipulado es experimentar sentimientos de incompetencia e indignidad. Rara vez verás a personas seguras de sí mismas, con una alta autoestima y un alto sentido de la valía personal, siendo manipuladas. Los manipuladores psicológicos prosperan haciendo que la gente se sienta indigna y desequilibrada. Al inducir este sentimiento de insuficiencia en sus víctimas, intentan obtener un mayor poder y control sobre ellas y, a su vez, utilizar su sensación de impotencia para cumplir con agendas egoístas.

Una de las mejores maneras de inmunizarse contra la manipulación es desarrollar una alta autoestima y confianza en uno mismo. Al tener un alto sentido de autoestima y una opinión positiva sobre sí mismo, está evitando que los manipuladores hambrientos le saboteen.

Aquí algunos consejos poderosos para aumentar su autoestima general y hacerle menos susceptible a la manipulación.

1. Controle a su crítico interior. Sí, todos tenemos ese molesto enemigo interior que no deja de recordarnos lo incapaces que

somos de hacer algo o lo miserable que es nuestra vida en comparación con la de los demás. Esta voz interior moldea sus pensamientos y opiniones sobre sí mismo.

Minimice su voz negativa y sustitúyala conscientemente por términos más positivos y constructivos. Por ejemplo, "Soy muy malo en esto" puede sustituirse por "Puede que no sea bueno en esto, pero eso no debe impedirme aprender todo lo que pueda sobre ello y dominarlo". Acaba de dar un giro positivo a una afirmación sin esperanza. Elija utilizar palabras más esperanzadoras, positivas e inspiradoras cuando se hable a sí mismo.

Quédese parado en voz alta cuando encuentre a su crítico interior rugiendo su monstruosa cabeza. También puede recurrir a un gesto físico como pellizcarse lentamente o morderse los labios cada vez que encuentre a su crítico interior en modo hiperactivo.

2. Sea más compasivo con los demás o trátelos bien. Una de las mejores maneras de aumentar su propia autoestima es tratar a otras personas con mayor compasión. Cuando hace que los demás se sientan bien con ellos, automáticamente se siente bien consigo mismo. Cuando trata bien a la gente, les inspira para que le traten bien a usted a cambio.

Practique la amabilidad en su vida diaria ofreciéndose como voluntario para una causa social (un enorme refuerzo de la autoestima), sosteniendo la puerta a la gente, escuchando a alguien desahogarse, dejando que la gente pase por su carril mientras conduce, comprando café o golosinas a gente al azar, animando a una persona que se siente desanimada y otros gestos similares. Todo ello contribuirá en gran medida a reforzar su autoestima.

3. Probar cosas nuevas. Las personas que prueban constantemente cosas nuevas o se reinventan a sí mismas tienen casi siempre la autoestima alta. Se desafían constantemente a sí mismas saliendo de su zona de confort. Prueban de todo y aprecian las distintas experiencias, lo que aumenta su sentimiento de competencia.

Cuando sigue aprendiendo cosas nuevas y desarrollando sus habilidades, se siente muy bien consigo mismo. Evite caer en la rutina. Siga probando una nueva aventura o adquiriendo una nueva habilidad periódicamente. Anímese a ser activo, apasionado y productivo. Ponga en marcha su espíritu y su alma de vez en cuando, retomando una afición, adquiriendo una nueva habilidad o leyendo un libro inspirador.

4. Evite las comparaciones. Se está destruyendo poco a poco al compararse constantemente a sí mismo o a su vida con los demás. No hay victoria en esto, ¡siempre perderá! Es una trampa que sólo le hará sentir más inadecuado e indigno.

En su lugar, mire dónde estaba hace unos años y lo lejos que ha llegado para lograr lo que es hoy. Céntrese en sus logros y realizaciones actuales en comparación con los de hace unos años.

Albert Einstein dijo: "Todo el mundo es un genio. Pero si juzgas a un pez por su capacidad para trepar a un árbol, se pasará toda la vida creyendo que es estúpido". No sea ese pez.

5. Pase tiempo con gente positiva. Otra buena manera de reforzar su autoestima es rodearse de personas que le apoyen, le animen y le inspiren. Deben ser personas a las que admire y que puedan influir positivamente. Puede ser cualquiera, desde un profesor hasta un mentor, pasando por un gerente o un buen amigo.

Evite relacionarse con personas que se centran en sus defectos para intentar derribarle en cada oportunidad disponible para sentirse superiores a ellos mismos. Tenga cuidado con los ladrones de sueños o con las personas que se ríen de sus sueños o de su capacidad para alcanzar sus objetivos. La autoestima prospera en un entorno positivo en medio de personas positivas. Acompáñese de personas que le hagan sentir bien consigo mismo.

Además, preste atención a los libros, sitios web y páginas de redes sociales que lee. Deje que carguen su energía, no que la minen. No lea revistas que promueven imágenes corporales poco realistas. La próxima vez que tenga tiempo libre, escuche podcasts que le levanten el ánimo y le inspiren. Mire programas de televisión que eleven su espíritu.

6. Sudar la gota gorda. Innumerables estudios han establecido una alta correlación entre el ejercicio y una autoestima sana. El ejercicio conduce a una mejor salud mental y física, lo que a su vez reduce el estrés y le hace sentir bien. También aporta más disciplina a su vida, lo que invariablemente aumenta la autoestima.

El ejercicio no tiene por qué ser aburrido. Puede practicar algo divertido e interesante como el baile, el ciclismo, la natación, los ejercicios aeróbicos o el kickboxing, entre otros. Cualquier cosa que le haga sudar y le dé una pequeña sensación de logro al final. La actividad física potencia la secreción de endorfinas en el cerebro, lo que nos hace "sentirnos bien". Y todos sabemos que sentirse bien puede tener un efecto positivo en nuestra autopercepción y autoestima.

7. Practique el perdón. ¿Hay algún rencor que lleva guardando mucho tiempo? Puede estar relacionado con una expareja, con un familiar durante sus años de crecimiento, con un amigo que le traicionó o incluso consigo mismo. No se aferre al sentimiento de rencor. Supere los sentimientos pasados de vergüenza, culpa y arrepentimiento, ya que aferrarse a él sólo le arrastrará más al círculo de la negatividad.

Conclusión:

Gracias de nuevo por comprar este libro.

Espero que haya podido ayudarle a comprender no sólo las formas en que la gente le manipula, sino también formas poderosas de manipular a la gente e inmunizarle contra la manipulación.

El siguiente paso es simplemente utilizar todas las poderosas estrategias y técnicas utilizadas en el libro para entender las técnicas de manipulación y evitar que la gente le manipule en las relaciones, en el trabajo y dentro de su círculo social. Estas estrategias de manipulación se pueden utilizar eficazmente en nuestra vida diaria para conseguir que la gente haga lo que nosotros queremos.

Hay un montón de consejos prácticos, pepitas de sabiduría e ilustraciones de la vida real para ayudarle a obtener una sólida comprensión de cómo funciona la manipulación y cómo se puede utilizar en su vida cotidiana.

Por último, si le ha gustado este libro, me gustaría pedirle un favor, ¿sería tan amable de dejar una reseña para este libro? Se lo agradecería mucho.

Gracias y buena suerte.

Cómo Dejar de Pensar Demasiado:

27 Técnicas Poderosas para Aliviar el Estrés. Hacking Mental para Encontrar la Libertad Emocional. Despeja tu Mente y Aprende el Arte de Dejar Ir.

Copyright por Robert Clear 2024 - Todos los derechos reservados.

El contenido de este libro no puede ser reproducido, duplicado o transmitido sin el permiso directo y por escrito del autor o del editor.

Bajo ninguna circunstancia se responsabilizará al editor o al autor por cualquier daño, reparación o pérdida monetaria debido a la información contenida en este libro. Ya sea de forma directa o indirecta.

Aviso Legal:

Este libro está protegido por derechos de autor. Este libro es solo para uso personal. No puedes modificar, distribuir, vender, usar, citar o parafrasear ninguna parte, ni el contenido de este libro, sin el consentimiento del autor o del editor.

Aviso de exención de responsabilidad:

Por favor, tenga en cuenta que la información contenida en este documento es únicamente para fines educativos y de entretenimiento. Se ha hecho todo lo posible para presentar información precisa, actualizada y confiable, completa. No se declaran ni se implican garantías de ningún tipo. Los lectores reconocen que el autor no está participando en la prestación de asesoramiento legal, financiero, médico o profesional. El contenido de este libro se ha derivado de diversas fuentes. Por favor, consulte a un profesional autorizado antes de intentar cualquier técnica descrita en este libro.

Al leer este documento, el lector acepta que bajo ninguna circunstancia el autor es responsable por cualquier pérdida, directa o indirecta, que se incurra como resultado del uso de la información contenida en este documento, incluyendo, pero no limitándose a, — errores, omisiones o inexactitudes.

Tabla de Contenidos

Introducción

Capítulo 1: ¿Qué es el exceso de pensamiento?

Capítulo 2: Ansiedad y Sobrepensamiento

Capítulo 3: Intenta detenerlo antes de que comience

Capítulo 4: Enfoque en la Solución Activa de Problemas

Capítulo 5: Considera el Peor de los Escenarios

Capítulo 6: Programa Tiempo de Reflexión

Capítulo 7: Piensa Útilmente

Capítulo 8: Establecer límites de tiempo para tomar decisiones

Capítulo 9: Considera el Panorama General

Capítulo 10: Vive el Momento

Capítulo 11: Meditar

Capítulo 12: Crea una lista de tareas

Capítulo 13: Abraza la Positividad

Capítulo 14: Usar Afirmaciones para Aprovechar el Pensamiento Positivo

Capítulo 15: Convertirse en Orientado a la Acción

Capítulo 16: Superando tu miedo

Capítulo 17: Confía en Ti Mismo

Capítulo 18: Deja de esperar el momento perfecto

Capítulo 19: Deja de preparar tu día para el estrés y la sobrepensación

Capítulo 20: Aceptar Todo lo que Sucede

Capítulo 21: Da lo mejor de ti y olvida el resto

Capítulo 22: No te presiones para manejarlo

Capítulo 23: Diario para sacar los pensamientos de tu cabeza

Capítulo 24: Cambia de Canal

Capítulo 25: Tómate un descanso

Capítulo 26: Hacer ejercicio

Capítulo 27: Consigue un pasatiempo

Capítulo 28: No seas demasiado duro contigo mismo

Capítulo 29: Duerme Mucho y de Buena Calidad

Conclusión

Introducción

La sobrepensación es muy común y debilitante. Puede obstaculizarte para socializar, para tener un sueño reparador, afectar tu desempeño en el trabajo e incluso interrumpir unas vacaciones bien planificadas. Cuando la sobrepensación se vuelve crónica, puede llevar a molestias tanto físicas como mentales. En resumen, la sobrepensación puede dejarte tanto física como mentalmente exhausto. Si así es como te sientes en este momento, es posible que hayas intentado varias formas de escapar de una situación tan deprimente sin éxito.

Pero entonces, ¿qué es el trastorno del pensamiento excesivo? En circunstancias normales, todos nos preocupamos por una cosa u otra, pero cuando tales ansiedades comienzan a drenarnos la vida, entonces se convierte en un problema serio. Aunque no todos sufrirán de un grado tan alto de preocupaciones, algunas personas son más propensas a sufrir de tales trastornos que otras, especialmente aquellas con un historial de trastorno de ansiedad. Los científicos han descubierto que el pensamiento excesivo puede activar varias áreas del cerebro que regulan la ansiedad y el miedo.

Pero incluso si nunca has tenido un historial de trastorno de ansiedad, aún podrías ser propenso a la sobrepensación, especialmente si asumes la responsabilidad de ser un "solucionador de problemas". Tu mayor fortaleza como pensador analítico puede convertirse en tu mayor enemigo, especialmente cuando te quedas atrapado en un pantano de pensamientos improductivos. Además, los sentimientos de incertidumbre en un alto grado pueden inducir un trastorno de sobrepensamiento. Por ejemplo, si ocurrió un cambio significativo como una gran pérdida en tu vida, podrías perder el control de tu mente y esta podría girar en una dirección obsesiva improductiva.

Es reconfortante aprender que se puede superar el exceso de pensamiento (y la ansiedad). Hay muchas técnicas efectivas para resolver las ansiedades, sin importar la causa, ya sea el exceso de pensamiento debido a una relación fallida, problemas de salud o cuestiones financieras. Esté atento, ya que este libro lo guiará a través de las técnicas de cómo detener el exceso de pensamiento. Pero primero, este libro comenzará definiendo cada problema y luego discutiendo las soluciones más efectivas para cada problema.

Capítulo 1: ¿Qué es la sobrepensamiento?

Como su nombre indica, pensar demasiado simplemente significa pensar en exceso. En realidad, cuando pasas más tiempo pensando en lugar de actuar y participar en otras actividades, entonces estás pensando demasiado. Puedes encontrarte analizando, comentando y repitiendo los mismos pensamientos una y otra vez, en lugar de tomar acción, entonces estás pensando demasiado. Tales malos hábitos pueden obstaculizar tu progreso, dejándote sin productividad.

Cada individuo experimentará el exceso de pensamiento de manera diferente y no hay dos personas que piensen en exceso de la misma manera. Pero en general, todos aquellos que piensan en exceso estarán de acuerdo en que la calidad de su vida se ha visto afectada por su incapacidad para controlar sus pensamientos y emociones negativas. Tales hábitos hacen que sea muy difícil para la mayoría de los individuos socializar, ser productivos en el trabajo o disfrutar de pasatiempos debido a la enorme cantidad de tiempo y energía que su mente consume en una línea específica de pensamientos. Tales emociones incontroladas pueden ser muy perjudiciales para la salud mental del individuo.

Pensar demasiado dificulta hacer nuevos amigos y mantener amigos, te resultará difícil conversar con ellos porque estás demasiado preocupado por qué decir o qué hacer para mantener la conversación. Algunas personas que se ven afectadas por este trastorno pueden encontrar difícil participar en conversaciones generales o interactuar con otros, incluso en un entorno normal. Además, algunos pueden tener problemas para cumplir con una cita o ir a la tienda. Este tipo de pensamiento pierde tiempo y drena tu energía, impidiéndote así tomar acción o explorar nuevas ideas. También obstaculiza el progreso en la vida. Esto se puede comparar a atarse una cadena que está conectada a un poste alrededor de la cintura y luego correr en círculos; estarás ocupado pero no productivo. Pensar demasiado desactivará tu capacidad para tomar decisiones sensatas.

Bajo tales circunstancias, es más probable que estés preocupado, ansioso y desprovisto de paz interior. Sin embargo, cuando dejas de sobrepensar, te volverás más productivo, feliz y disfrutarás de más paz.

¿Por qué sobrepensamos?

Hasta ahora, hay dos explicaciones principales para la razón por la que las personas piensan en exceso:

- El cerebro que sobrepiensa y
- Cultura contemporánea.

El cerebro sobrepensante

Nuestro cerebro está diseñado de tal manera que todos nuestros pensamientos están interconectados en redes y nodos. Por ejemplo, los pensamientos sobre el trabajo pueden estar en una red, y los pensamientos sobre la familia en otra.

Hay una fuerte conexión entre nuestras emociones y estados de ánimo. Las actividades o circunstancias que estimulan sentimientos negativos parecen estar conectadas a una red, mientras que aquellas que inducen la felicidad están vinculadas a otra red.

Aunque tal interconexión de sentimiento y pensamiento puede ayudar a las personas a pensar de manera más eficiente, también puede hacer que las personas piensen en exceso.

En general, los estados de ánimo negativos a menudo activan pensamientos y recuerdos negativos, incluso si tales pensamientos están desconectados. Pensar en exceso mientras se está en un estado de ánimo negativo puede llenar la mente de muchas ideas negativas y cuanto más piensa en exceso una persona, más fácil será para su cerebro inducir asociaciones negativas.

Según investigaciones de expertos en el cerebro, se ha descubierto que el daño (o mala conexión) de ciertas áreas del cerebro puede hacer que una persona sea propensa a la depresión y a pensar en exceso. Tales áreas incluyen la amígdala y el hipocampo, que están involucrados en el aprendizaje y la memoria, y la corteza prefrontal, que ayuda a regular las emociones. Este conocimiento explica en parte por qué algunas personas piensan en exceso más que otras.

La Generación del Pensamiento Excesivo. Los informes de los estudios realizados por el autor mostraron que los jóvenes, así como los individuos de mediana edad, piensan en exceso incluso más que los ancianos (aquellos de más de 65 años).

¿Qué puede ser responsable de esto? Hay 4 posibles tendencias culturales que pueden ser responsables:

- Obsesión por el derecho: Muchos hoy en día tienen un sentido de derecho sobredimensionado. Tienen derecho a ser ricos, exitosos y felices y, como tal, nadie puede obstaculizarlos para conseguir lo que merecen. Así, la mayoría de las personas se preocupan porque no están obteniendo lo que merecen, intentan descubrir qué les está impidiendo avanzar. Tal actitud de pensar en exceso ha convertido a muchos en una bomba de tiempo, lista para explotar a la más mínima provocación.

- El vacío de valores: La mayoría de las personas hoy en día, especialmente los jóvenes, han cuestionado todos los valores que sus padres les transmitieron, como la religión, la cultura y las normas sociales. Por lo tanto, estas personas se quedan con solo algunas opciones y, sin valores, una persona terminará cuestionando cada elección que haga y seguirán preguntándose si tomó la decisión correcta. (Esto también puede llevar a la sobrepensación).

- Cultura del ombligo: La cultura moderna y la psicología popular a menudo animan a las personas a ser más expresivas y a desarrollar una mayor autoconciencia. Sin embargo, la mayoría de las personas a menudo llevan esto al extremo, convirtiéndose en personas excesivamente egocéntricas, sobreanalizan a sí mismas y sus sentimientos. Muchas personas desperdician demasiado tiempo "mirándose el ombligo", reflexionando sobre el significado de cada cambio emocional.

- La necesidad compulsiva de soluciones rápidas: El siglo XXI está lleno de personas que tienden a buscar soluciones rápidas en lugar de tomarse el tiempo necesario para resolver las cosas gradualmente. Por ejemplo, si alguien está triste o angustiado, puede recurrir a alguna forma de escape rápida, como beber alcohol, ir de compras, tomar medicamentos recetados, participar en un nuevo deporte o pasatiempo, o en otras actividades. En resumen, las soluciones rápidas solo proporcionan una solución temporal (o incluso una solución incorrecta).

Síntomas de Sobrepensamiento

Tener una lista bien definida de síntomas de sobrepensamiento puede ser bastante útil. De hecho, la conciencia es tu mejor defensa, te ayudará a saber cuándo estás en la zona de peligro, y no estar en guardia es muy peligroso para tu bienestar mental.

Prestar atención a los siguientes síntomas puede ayudarte a realizar una prueba de trastorno de sobrepensamiento. Si observas que estás experimentando el trastorno de sobrepensamiento, es posible que notes uno o más de los siguientes síntomas:

- Cuando no puedes dormir: Intenta con todas tus fuerzas conseguir un descanso decente, pero tu mente simplemente no se apaga. Entonces, la agitación y las preocupaciones se instalan.

- Si te automedicas: La investigación sobre el trastorno de la sobrepensación ha demostrado que quienes lo padecen a menudo recurren a alimentos, alcohol, drogas o cualquier medio para modular sus sentimientos.

- Generalmente estás cansado: El cansancio puede ser resultado del insomnio o de un pensamiento repetitivo que te agota.

- Quieres tener el control de todo: Intentas planificar todos los aspectos de tu vida hasta el más mínimo detalle. Pero la verdad es que hay un límite en lo que puedes controlar.

- Te obsesionas con el fracaso: El miedo al fracaso te ha convertido en un perfeccionista y a menudo imaginas lo mal que saldrán las cosas si no resultan bien.

- Temes el futuro: en lugar de sentirte emocionado por lo que depara el futuro, estás atrapado en tus pensamientos.

- Dudas de tu propio juicio: Reconsideras cada decisión que tomas, desde lo que vistes, hasta lo que dices y cómo te relacionas con los demás.

- Tienes dolores de cabeza por tensión: Puedes experimentar dolores de cabeza por tensión crónicos como si tuvieras una banda apretada alrededor de las sienes. Además, también podrías sentir dolor o rigidez en la región del cuello. Todo esto son señales de que necesitas un descanso prolongado.

Si alguno de los signos mencionados ocurre con demasiada frecuencia, los psicólogos dirán que eres un pensador excesivo o un rumiante. Según los psicólogos, pensar en exceso puede afectar el rendimiento, causar ansiedad o incluso conducir a la depresión.

Peligros de ser un pensador excesivo

Si aún te sientes mal por un error que cometiste hace semanas o estás ansioso por mañana, el hecho es que sobrepensar todo puede afectar negativamente tu salud. La incapacidad para liberarte de tus preocupaciones te llevará a un estado de angustia persistente.

Es cierto que todos sobrepensamos situaciones ocasionalmente. Pero esto es diferente de ser un verdadero sobrepensador, alguien que lucha por silenciar su constante bombardeo de pensamientos.

Tres peligros de ser un pensador excesivo:
1. **Aumenta tus posibilidades de padecer enfermedades mentales:** Según un estudio de 2013 publicado en el Journal of Abnormal Psychology, los informes muestran que el sobrepensar acerca de tus errores, defectos y desafíos puede aumentar tu riesgo de padecer problemas de salud mental.

La rumiación es perjudicial para la salud mental y puede sumergir a uno en un ciclo vicioso del cual es difícil liberarse, y a medida que tu salud mental se deteriora, tiendes a rumiar más.

1. Interfiere con la resolución de problemas. Informes de varios investigadores han demostrado que quienes piensan en exceso siempre asumen que al repasar sus problemas en sus cabezas, se están ayudando a sí mismos. Pero esto no es cierto en absoluto; de hecho,

muchos estudios han mostrado que tales acciones pueden llevar a la parálisis por análisis.

Cuando sobreanalizamos todo, puede interferir con nuestra capacidad para resolver nuestros problemas. Terminarás desperdiciando tiempo pensando en el problema en lugar de en la posible solución.

También afectará el simple proceso de toma de decisiones, como elegir qué ponerse para el Día de Acción de Gracias o decidir cuándo ir de vacaciones. La parte dolorosa es que pensar demasiado ni siquiera te ayudará a tomar una mejor decisión.

1. **Afecta tu sueño: Como alguien que piensa en exceso, probablemente entenderás este hecho bastante bien. Siempre que tu mente se niegue a apagarse, no habrá sueño esa noche.**

Los estudios respaldan este hecho, y hay evidencia de que la ansiedad y la rumiación conducen a menos horas de sueño. Es más probable que pases horas dando vueltas en la cama antes de que finalmente te quedes dormido.

Tomar una siesta más tarde puede no ser de ninguna ayuda; la ansiedad y el exceso de pensamiento afectan la calidad del sueño que tendrás, las posibilidades de caer en un sueño profundo después de haber estado pensando son muy escasas.

Tres tipos de sobrepensamiento

1. Rant-and-rave sobrepensando: Este es el tipo más común y a menudo resulta de algún agravio percibido que te hicieron. Puedes sentir que fuiste tratado injustamente y, como tal, estás obsesionado en exceso con tomar venganza. Aunque puedes tener razón al sentirte ofendido, sobrepensar te impedirá ver lo bueno en los demás; más bien, solo los verás como villanos. Sentimientos así pueden resultar en actos de venganza

autodestructivos e impulsivos. Por ejemplo, cuando es rechazado en una entrevista de trabajo, un pensador excesivo puede comenzar a pensar en los evaluadores como sesgados o estúpidos e incluso puede considerar demandar a la empresa por posible discriminación.

2. Pensamiento excesivo de vida propia: Este también es otro grave problema de los que piensan en exceso. Un simple estímulo puede llevar a un ciclo continuo de pensamientos negativos viciosos y posibilidades infinitas, cada una más malvada que la anterior. Tomemos, por ejemplo, a un pensador excesivo que comienza a preguntarse por qué se siente deprimido y, a partir de ahí, pasa a pensar en el sobrepeso, por qué no debería mantener amigos cercanos, por qué lo tratan mal en el trabajo y por qué no es amado en casa. Para él, todos estos sentimientos negativos parecen verdaderos, incluso los pensamientos imaginarios. Tales sentimientos negativos pueden llevar a malas decisiones, como discutir con su esposa o amigos o incluso renunciar a su trabajo.

3. Pensamiento caótico: Este es un tipo de pensamiento excesivo que se caracteriza por preocupaciones y preocupaciones aleatorias y no relacionadas. Esto puede ser mental y emocionalmente paralizante porque estos individuos están confundidos acerca de la verdadera causa de cómo se sienten. Con mayor frecuencia, tales individuos recurren al abuso de drogas o alcohol, solo para escapar de sus pensamientos.

Capítulo 2: Ansiedad y Sobrepensar.

Una de las señales aterradoras de cualquier forma de trastorno de ansiedad es la propensión a pensar en todo en exceso. La ansiedad y la sobrepensar pueden considerarse socios malignos. Un cerebro ansioso siempre está hipervigilante y atento a cualquier posible peligro. Probablemente alguien te ha acusado alguna vez de crear siempre problemas para ti mismo a partir de asuntos insignificantes. Personalmente, creo que en realidad son problemas. ¿Cómo así? Dicho de manera simple, la ansiedad te hace sobrepensar cualquier cosa y todo. Siempre que estamos ansiosos, sobrepensamos las cosas de varias maneras, y el resultado de nuestro sobrepensar no suele ser beneficioso. Sin embargo, la ansiedad y el sobrepensar deberían ser temporales y no deberían ser una característica permanente de nuestra existencia.

Formas en que la ansiedad causa sobrepensamiento

El producto final de varios tipos de ansiedad es pensar demasiado en todo. Hay varios términos para describir cómo la ansiedad conduce a pensar en exceso. Es posible que esta lista genérica te ayude a recordar pensamientos acelerados específicos que hayas experimentado o que es probable que estés experimentando y, por lo tanto, te ayude a darte cuenta de que hay miles de otras personas enfrentando el mismo problema.

- Estar demasiado preocupado por quiénes somos y cómo nos ven los demás o si estamos a la altura del estándar mundial (esto es una forma de ansiedad social y de rendimiento).

- Obsesionarse con lo que deberíamos decir/dijimos/deberíamos haber dicho/no deberíamos decir (otra ansiedad social común).

- Pensando en posibles escenarios aterradores como: ¿qué pasaría si algo malo nos sucediera a nosotros, a nuestros seres queridos o incluso al mundo? (una forma común de trastorno de ansiedad generalizada).

- Temerosos, resultados asumidos de nuestros propios pensamientos salvajes, fallos asumidos y sentimientos de incompetencia (todas las formas de trastornos de ansiedad).

- Ansiedad por múltiples pensamientos obsesivos, mayormente aterradores, y pensar en ellos continuamente (una forma de trastorno obsesivo-compulsivo).

- Pensando, sobrepensando, pensamientos vagos, una cadena de ansiedad que se desploma y pensamientos específicos (todas formas de trastornos de ansiedad).

- Miedo a experimentar ataques de pánico en público y sentir demasiado miedo para salir de casa debido a tal ansiedad (una forma de trastorno de pánico con/sin agorafobia).

Resultado de la ansiedad y el pensamiento excesivo

Cuando estás ansioso, los pensamientos no simplemente recorren tu cerebro y desaparecen, sino que corren por tu cerebro de manera continua. Esos pensamientos se pueden comparar con un atleta corriendo en una cinta de correr, él sigue corriendo pero no llega a ninguna parte al final, queda agotado y cansado. Uno de los efectos secundarios del exceso de pensamiento asociado con la ansiedad es que es probable que terminemos tanto física como emocionalmente agotados. Tener episodios de los mismos impulsos ansiosos recorriendo nuestro cerebro definitivamente tendrá su costo.

Otro lado oscuro de la ansiedad y el exceso de pensamiento es que, tarde o temprano, comenzaremos a percibir todo lo que pasa por nuestra mente como realidad. Quizás creamos que lo que pensamos se convierte en realidad y si lo pensamos constantemente, se vuelve muy real. ¿Verdad? No. Este es uno de los trucos que la ansiedad intenta jugar con nuestras mentes.

Pero la buena noticia es que todos tenemos la capacidad y el poder de detenernos de sentir ansiedad y de pensar en todo en exceso. Aunque este es un proceso que implica múltiples pasos, en este momento, el mejor paso que puedes dar es encontrar algo que te distraiga de pensar en exceso. En lugar de luchar con tus pensamientos, dirige lentamente tu atención hacia algo neutral, algo completamente diferente. Al reflexionar sobre algo que no tiene importancia, estarás previniendo indirectamente el pensar en todo en exceso.

El efecto de "levadura"

El sobrepensar tiene un "efecto de levadura" en tus pensamientos. Al igual que una masa, tu mente puede amasar pensamientos negativos y, antes de que te des cuenta, se elevará al doble de su tamaño inicial. Por ejemplo, si un cliente está insatisfecho con tus servicios, puedes comenzar a preguntarte si todos los demás clientes también están insatisfechos, sin pensar por un segundo que probablemente la mayoría de los clientes están realmente satisfechos con tus servicios. Si no se tiene cuidado, con el tiempo, podrías llegar a la desmotivadora conclusión de que tus servicios no son lo suficientemente buenos. Tus pensamientos incluso pueden llevarte de regreso a tu matrimonio y podrías comenzar a preguntarte si tu pareja está satisfecha contigo o si eres lo suficientemente bueno para ella o no. Piensas en lo perfecta que es, en cómo maneja todo de manera impresionante, y concluyes que eres totalmente indigno de ella.

El efecto de la "lente distorsionada"

Otro efecto de pensar en exceso es lo que se llama el efecto de "lentes distorsionadas" y lo que esto significa es que tus pensamientos solo se enfocan y amplifican tus defectos o tu lado malo, y lo que tus pensamientos ven es solo desesperanza. Por ejemplo, cuando tu hijo llega a casa de la escuela con una mala nota o se pelea, puedes preocuparte de que está creciendo mal. Antes de mucho tiempo, comenzarás a verte a ti mismo como un mal padre y que más adelante en el futuro, tus hijos terminarán convirtiéndose en malos adultos.

Lo que no es la sobrepensación

Preocuparse es bastante diferente de sobrepensar. La gente a menudo se preocupa por cosas que pueden o podrían suceder o posiblemente salir mal. Sin embargo, los sobrepensadores hacen más que solo preocuparse por el presente, también se preocupan por el pasado y el futuro. Mientras que los preocupados piensan que las cosas malas podrían suceder; los sobrepensadores piensan en el pasado y están muy convencidos de que algo malo ya ha ocurrido.

Las personas con trastorno obsesivo-compulsivo (TOC) también son diferentes de la sobrepensación. Aquellos con TOC están obsesionados en exceso por todo o por cada factor externo, como la suciedad o los gérmenes, por lo que sienten que tienen que lavarse las manos repetidamente para mantenerse sanos. Estas personas se obsesionan con acciones muy específicas y otros asuntos que parecen triviales o absurdos para el resto del mundo, como "¿Cerré la puerta?"

En conclusión, pensar en exceso definitivamente no es "pensamiento profundo." Si bien es saludable estar en sintonía con los propios sentimientos para examinar las propias acciones; pensar en exceso, por otro lado, es poco saludable.

Cómo Dejar de Sobrepensar Todo

Ya sea que no hayas comprado un coche nuevo en los últimos 5 años porque no has encontrado el perfecto o que no hayas sido productivo porque cada elección que haces consume tanto tiempo, el exceso de pensamiento puede retrasar tu progreso.

Con gusto, puedes superar el pensamiento excesivo y volverte más productivo. En los próximos 27 capítulos, hay diferentes pasos que se han desglosado para ayudarte a dejar de pensar demasiado en todo. Al aplicar nuevas técnicas y aprender nuevas habilidades, podrás tomar decisiones buenas y oportunas con poco o ningún estrés.

Capítulo 3: Intenta detenerlo antes de que empiece.

Encárgate de tus pensamientos antes de que saltes al oscuro abismo de la sobreanalización, es imperativo que primero aclares sobre qué estás realmente sobreanalizando y también reflexiones sobre las formas negativas en que la sobreanalización está afectando tu vida. Tal claridad ayudará a mejorar tu determinación para luchar contra la tendencia a sobreanalizar.

Creencias Limitantes

Lo primero que debes hacer es seleccionar las preguntas de "¿qué pasaría si?" que probablemente te hagas. Tales preguntas son automáticamente estimulantes del sobrepensar.

Pregúntate:

- ¿Cuáles son las preguntas comunes de "¿qué pasaría si?" que suelo hacerme?
- ¿Qué circunstancias o situaciones suelen desencadenar estas preguntas?

Puede ser que estés pensando demasiado porque a menudo haces las preguntas equivocadas. Más a menudo, en lugar de buscar soluciones al problema, te ocupas de pintar escenarios de "qué pasaría si" en tu mente, preguntándote sobre todas las cosas negativas posibles que pueden ocurrir.

Así que, respira hondo e intenta identificar todas las preguntas de "¿qué pasaría si?" que a menudo te haces. Además, intenta detectar circunstancias específicas que probablemente desencadenen tales preguntas.

El siguiente paso es indagar en las creencias limitantes que puedas tener y tratar de comprender mejor algunos de los efectos que tales pensamientos tienen en tus preocupaciones.

Pregúntate:
- ¿Qué son mis "pensamientos" sobre pensar en exceso?
- ¿Cómo afectan tales creencias las elecciones y decisiones que tomo?
- ¿Tienen tales pensamientos alguna ventaja?
- ¿Cuáles son los efectos secundarios a largo plazo de tales creencias?

Cuando estás sobrepensando algo, es una clara evidencia de que te estás aferrando a un cierto conjunto de creencias que está afectando cómo piensas y cómo respondes en tal situación. Aceptando el hecho, te aferras a tales creencias porque sientes que te son de ventaja. Probablemente, sientes que son ventajosas porque te dan una sensación de control sobre ciertas circunstancias o áreas específicas de tu vida. Pero, lamentablemente, tales creencias te están lastimando porque te impiden enfrentar las principales razones por las cuales estás sobrepensando y ese es un problema serio en sí mismo.

La mejor manera de conquistar tus creencias limitantes es desafiarlas de manera directa. A continuación, se presentan algunos ejemplos de ciertas preguntas que puedes hacerte:
- ¿Por qué creo que no puedo controlar el pensar en exceso?
- ¿Por qué creo que pensar en exceso es beneficioso?
- ¿Hay alguna evidencia que respalde tales pensamientos?
- ¿Es la evidencia creíble y confiable?

- ¿Es posible que yo vea esta situación desde otro ángulo?
- ¿Tengo alguna evidencia que contradiga mis creencias sobre esto?
- ¿Qué me dicen estos sobre mi mala costumbre de pensar en exceso?

Si dedicas más tiempo a cuestionar diligentemente tus creencias limitantes sobre el pensamiento excesivo, descubrirás que pensar profundamente es beneficioso, ya que detectarás más vacíos y todo esto te facilitará abandonar tales creencias y, por lo tanto, fortalecer tu determinación para seguir buscando soluciones a tus problemas.

Todos los pensamientos que conducen a la sobrepensación son simplemente problemas que necesitas resolver. Pero, si estás constantemente nadando en una piscina de preocupaciones incontrolables, nunca podrás resolver tus problemas.

Estrategias de afrontamiento no útiles

En este punto, tómate un momento para reflexionar sobre algunas de las estrategias que usas regularmente para afrontar tus pensamientos, entonces,

Pregúntate:
- ¿Cuáles son las estrategias que utilizo para lidiar con mis pensamientos?
- ¿Qué hago para evitar mis preocupaciones?
- ¿Cuáles son algunas estrategias que he probado para controlar mis pensamientos?
- ¿Suelo reprimir mis pensamientos? Si es así, ¿cómo?

- ¿A menudo intento distraerme de mis preocupaciones? Si es así, ¿de qué maneras específicas?
- ¿Cómo suelo manejar mis preocupaciones?
- ¿De qué maneras específicas me ayudan todas estas estrategias de afrontamiento?
- ¿Cómo me hacen daño estas estrategias de afrontamiento?
- ¿Cuáles son algunas mejores maneras de manejar mis preocupaciones?

Obtener tal claridad sobre las estrategias comunes que utilizas regularmente para gestionar tus preocupaciones te ayudará a recibir comentarios valiosos que podrás utilizar eficazmente para controlar tus preocupaciones en el futuro.

Prepárate para entrenar tu cerebro para establecer una relación saludable con tus pensamientos.

Tus pensamientos son definitivamente diferentes de la realidad. Sin embargo, tus pensamientos pueden tener un fuerte impacto en ti en la vida real, dependiendo de cómo los veas.

Descarta el dicho de que eres tus pensamientos. Más bien, busca maneras de establecer una conexión con tus pensamientos y de mantener una relación saludable con ellos.

Si observas que un pensamiento en particular sigue apareciendo en tu mente, puedes hacerte estas preguntas:

- ¿Percibo este pensamiento como solo una construcción mental o creo que es la realidad?

- ¿Me mantienen esos pensamientos despierto toda la noche, o simplemente los dejo ir?
- ¿Acepto los pensamientos tal como vienen o intento cambiarlos?
- ¿Estoy abierto a otras ideas o simplemente me encierro en mí mismo?
- ¿Qué pensamientos despierta en mí este pensamiento?

Después de plantear tales preguntas, espera a que lleguen las respuestas— aunque las respuestas pueden no ser obvias al principio, plantear dichas preguntas es muy importante. Gradualmente, podrás relacionarte con tus pensamientos.

Puedes simplemente preguntar: "¿Pero es esto cierto?"

El mejor tipo de relación que puedes establecer con tus pensamientos es una que esté llena de aceptación y aún así tenga una medida de distancia saludable. Lo que esto significa es que estás abierto a cualquier pensamiento y no tratas de actuar como si no existieran; sin embargo, también puedes intentar, tanto como sea posible, no dejar que te afecten negativamente.

Por ejemplo, si tuviste una mala experiencia con un mal cajero, puedes comenzar a pensar que las cosas podrían ser mejores si tan solo hubieras ido a otra caja, pero no necesitas creer tales interpretaciones mentales porque son meras suposiciones y no la realidad última. ¿Cuáles son las posibilidades? Probablemente esta persona en particular sea un maravilloso cajero que simplemente está teniendo un mal día y tal vez si eliges la otra línea todavía estarías en la cola. Tales pensamientos te mantienen abierto a las posibilidades.

Cuando te complementas a ti mismo o reconoces que sientes que lo hiciste bien, tiendes a disfrutar de esos sentimientos. Por ejemplo, cuando te dices a ti mismo: "¡Bien hecho, yo! ¡Llevé al equipo hasta la cima!" Sin embargo, esto no significa que tu desempeño en el próximo juego será el mismo. Tampoco te convierte en una "mejor persona" porque tu autoestima no está ligada a qué tan bien puedes liderar un equipo.

Siempre desafía tus pensamientos. Aprende a identificar y detener cualquier pensamiento adicional.

Capítulo 4: Enfoque en la Solución Activa de Problemas.

Las formas activas de resolver problemas son una de las habilidades más valiosas que necesitamos, pero rara vez pensamos en ellas en nuestras ajetreadas vidas diarias. En cambio, a menudo enfocamos nuestra atención en intentar abordar las diversas emociones difíciles que enfrentamos. Es cierto que también necesitamos habilidades de afrontamiento para limitar el exceso de pensamiento, pero es igualmente importante que nos armemos con habilidades que podamos usar para manejar o enfrentar problemas que causan sobrepensamiento. Este es el papel que juegan las habilidades activas de resolución de problemas.

Necesitamos entender que hay ciertas circunstancias que están más allá de nuestro poder y que no podemos cambiar. Por lo tanto, pensar en exceso sobre esos tipos de circunstancias no tiene ningún beneficio. Sin embargo, no tienes que dejar de buscar formas de resolver otros problemas simplemente porque no puedes ver una solución obvia.

Necesitamos entender la diferencia entre las habilidades de resolución de problemas productivas y el exceso de pensamiento. Algunas de las características del exceso de pensamiento incluyen lo siguiente:

- Te hace repetir los mismos pensamientos una y otra vez.
- Te hace seguir buscando "soluciones" a problemas que sabes que no tienes el poder de cambiar.
- Te hace centrar tu atención en cambiar cosas que ya sucedieron en el pasado.

Sin embargo, las habilidades para resolver problemas tienen las siguientes características:

- No te hace pensar en lo mismo una y otra vez.
- Termina produciendo soluciones alternativas, la mayoría de las cuales están dentro de su capacidad para ejecutar.
- Te hace sentir positivo y sentir que estás logrando algo valioso incluso antes de que se alcance una solución.

¿Qué es la resolución activa de problemas?

A menudo es más efectivo y beneficioso centrarse en intentar resolver el problema en cuestión que en tratar de controlar cómo te sientes acerca del problema. Enfrentar tus problemas de frente te ayudará a recuperar el control de tu vida con menos estrés. Este proceso de manejar problemas se conoce como resolución activa de problemas. Se centra en hacer esfuerzos activos para resolver el problema desde la raíz, en lugar de pasar por alto el problema.

Sin embargo, este proceso no es tan fácil como parece. Enfrentar nuestros problemas directamente puede ser muy difícil en ocasiones. Esto se debe a que tienes que confrontar tus miedos, abordar conflictos o, en ocasiones, salir de tu zona de confort hasta que el problema se resuelva. Pero la resolución activa de problemas en realidad tiene beneficios a largo plazo porque ayuda a reducir la incomodidad futura, ya que el problema ya no está perturbando tu mente.

Preguntas para hacerse a uno mismo

Hay varias razones por las que debes hacerte estas preguntas. Puede ser que tengas dudas sobre los movimientos comerciales que planeas hacer, o que estés enfrentando algunos desafíos en tu relación; encontrar respuestas a estas preguntas te ayudará a saber si eres del tipo que sobrepiensa o del que resuelve problemas.

- ¿Siempre me enfoco en el problema o busco una solución? Considerar diversas formas de salir de deudas puede ser útil. Pero centrar tu atención o preocuparte por lo que sucederá si eventualmente te quedas sin hogar debido a tu situación financiera no es el camino a seguir.

- ¿Hay una solución a este problema? Es bueno aceptar el hecho de que no todos los problemas pueden ser resueltos. Por ejemplo, un ser querido con una enfermedad terminal, o un error que ya cometiste en el pasado no se puede deshacer. Sin embargo, todavía puedes controlar cómo respondes a tales situaciones. La resolución de problemas puede implicar aprender a sanar tus emociones o un procedimiento real para solucionar el problema. Pero pensar demasiado, por otro lado, implica volver a repasar cosas que ya sucedieron o desear que las cosas fueran diferentes.

- ¿Qué lograré al pensar en esto? Suponiendo que estás revisitando un evento pasado para obtener nuevos conocimientos o aprender de él, esto podría ser útil. Pero si lo único que haces es repetir tus errores, volver a discutir una conversación pasada, o solo imaginar todas las cosas que pueden salir mal, entonces estás sobrepensando.

¿Cuándo es efectiva la resolución activa de problemas?

En la vida, hay algunas situaciones que no podemos controlar. En este tipo de situaciones, ningún plan activo de resolución de problemas puede cambiar las cosas. Todo lo que tenemos que hacer es soportar y luego seguir adelante.

No puedes resolver un problema sobre el que no tienes control. La mayoría de estos problemas tienen que ver con las decisiones de otras personas. Por ejemplo, tu hermana acaba de tomar la decisión de casarse con su amante de mucho tiempo y tú, por otro lado, estás en contra de la decisión. Ahora, la decisión no es tuya para tomar, así que no puedes controlar la situación. Por lo tanto, no puedes resolverlo.

Mirando otro escenario, donde la calefacción de tu casa no está funcionando y eso ha causado un problema entre tú y tu casero. Esta situación se puede resolver mediante la solución activa de problemas porque está bajo tu control o puedes decidir soportar la casa fría utilizando habilidades centradas en las emociones.

Cómo utilizar la resolución activa de problemas

Evalúa la situación Ciertas cosas nos afectan a diario; algunas personas se obsesionan tanto con ellas que les roban la alegría y la felicidad. Cuando nos encontramos con problemas como estos, primero debemos evaluar la situación. Antes de manejar cualquier problema, tendrás que evaluar el problema que tienes entre manos. Considera si puedes controlar el resultado de los eventos, si el problema se puede resolver o soportar. Si se puede resolver, ¿cómo puedes abordarlo? Todo esto tomado en consideración te ayudará a manejar mejor las situaciones o problemas.

Determine el curso de acción más efectivo. Después de la primera etapa, donde evalúas la situación y te das cuenta de que se puede resolver. La siguiente etapa es elegir la medida más apropiada para abordar el problema.

Tomando la ilustración del problema entre el propietario y el inquilino mencionado anteriormente, hay diferentes maneras de resolver ese problema. Una forma de abordar esto es gritarle al propietario y asegurarte de que su vida sea un infierno hasta que repare la calefacción. La otra opción puede ser escribir una carta a tu propietario, explicando el problema que enfrentas con la calefacción, luego documentar una copia para ti mismo. Sin embargo, esto debe hacerse con base en los derechos del inquilino en tu provincia. Ahora, hay dos opciones que pueden solucionar el problema, pero ¿cuál es la más apropiada?

La primera opción puede parecer más fácil y rápida, pero piensa en las consecuencias. Ningún propietario estará contento con tal reacción y esto puede crear más problemas para ti. Sin embargo, esta última es la opción más efectiva.

Puede ser difícil tomar decisiones solo, especialmente cuando hay emociones involucradas. Por lo tanto, busca el consejo de buenos amigos o terapeutas que puedan ayudarte a ver mejores opciones.

Convierte la sobrepensación en solución de problemas. ¿Cuál es la necesidad de sobrepensar cuando puedes resolver el problema? La sobrepensación no te hace ningún bien, más bien consume la energía que habrías utilizado para resolver el problema y alcanzar un propósito. Sé muy consciente de detenerte cada vez que te veas obligado a sobrepensar. Por lo tanto, en lugar de desperdiciar tu tiempo y energía preocupándote, úsalo para la solución activa de problemas. Esto no solo te dará paz mental, sino que también podrás deshacerte de algunos problemas.

Conoce la diferencia entre resolver problemas y preocuparse.

Capítulo 5: Considera el peor de los casos.

Parece un poco impráctico, ¿verdad? Cuando estás totalmente asustado y abrumado por el estrés, una cosa que no querrás hacer es pensar en el peor escenario posible. ¿Verdad?

Nuestra mente nos cuenta historias convincentes. Nuestros pensamientos son lo suficientemente poderosos como para decidir lo que hacemos o no hacemos. Un método para controlar el exceso de pensamiento es imaginar el peor escenario posible.

Si estás sobrepensando, habrá un aumento en tu esfuerzo mental y esto influirá negativamente en tu rendimiento. Hacer planes para una situación difícil asegura que estés preparado para cualquier sensación horrible durante el transcurso del evento, por lo que te estás preparando para maximizar todo tu potencial.

Para redirigir tus pensamientos hacia unos más positivos, aquí tienes tres breves afirmaciones personales. Al usar una o más de ellas, puedes alcanzar la calma y continuar.

"Actualmente no está sucediendo." Claro, definitivamente es probable que ocurra un evento desafortunado, pero actualmente no está sucediendo. Esta afirmación puede ayudarte a tomar conciencia de que, en este momento, estás ileso.

"Sea lo que sea que pase, puedo manejarlo." Esta frase te hace consciente de tus recursos internos y te motiva a superar los problemas de la vida. Esta idea proviene de la tradición de la Terapia Cognitivo-Conductual.

"Soy responsable de mis problemas. ¿Puedo ponerle fin? La primera parte de esta frase se originó en las Cuatro Nobles Verdades del Budismo. A veces, me digo a mí mismo "¡Soy responsable de mis problemas! ¡De nuevo!" Uso esta frase tan a menudo que ahora la he abreviado a "responsable de mis propios problemas." Esto me ayuda a ahorrar tiempo.

La segunda parte de la frase, "¿Puedo ponerle fin?", tiene su origen en estudios motivacionales que aconsejan que es más probable que te animes al hacerte una pregunta, en lugar de decir: "Puedo ponerle fin a esto", o en un tono de juicio - "Evita causarte más problemas" - esto solo crea problemas adicionales. La simple pregunta, "¿Puedo ponerle fin a esto?" te hace consciente de que depende de ti tomar esa decisión. Definitivamente, si hay un evento desafortunado que probablemente suceda, quizás una muerte en la familia, un divorcio o un desastre natural, lo ideal será preguntarte: "¿Cuál es la mejor manera de prepararme en caso de que esto suceda?". Hacer preparativos para tu plan de acción puede ser un alivio para la preocupación.

Si eres responsable de tus propios problemas al hacerte preguntas de "qué pasaría si", admite esos pensamientos, consuélate con una de esas afirmaciones mencionadas anteriormente y sigue adelante. Si descubres que tus pensamientos están divagando hacia tus pensamientos trágicos favoritos, no te desanimes. Hacer cambios en tus hábitos de pensamiento puede ser difícil y se esperan lapsos. En realidad, controlar los pensamientos trágicos es un proyecto que puede durar toda una vida. Sin embargo, las autoafirmaciones positivas pueden ayudarte a superar los "qué pasaría si" muy rápidamente, para que puedas concentrar tus pensamientos en las cosas que son importantes para ti.

Qué Hacer Al Considerar El Escenario Más Adverso

Dado que soy un verdadero hijo de mi madre, pensar en el peor escenario posible me resulta natural. ¿Cómo podemos prevenir esto, dado que ese tipo de pensamiento está arraigado en nuestro ADN?

Así que....

- Tenga en cuenta que su peor situación es solo su peor situación. Lo que usted considera como su peor escenario posible se basa exclusivamente en sus experiencias y conocimientos personales. Hablando estrictamente, siempre hay alguien que enfrenta una situación más terrible. Así que, su peor situación podría ni siquiera ser el peor escenario posible.

- Sabe que no conoces lo peor. No creas que conoces lo peor. Hace mucho tiempo, mi madre me dijo que ella creó el peor escenario posible que puede suceder. Y como le dije a mi madre, es difícil pensar en TODAS las posibilidades. Deja de intentarlo, simplemente es imposible.

- Re canaliza tu energía. Puede ser muy agotador pensar en todos los peores escenarios posibles. Si gastas tanta energía pensando, no queda energía para tomar acción de verdad. Así que canaliza tu energía de "¿Qué pasaría si?" en concentrarte en dar pasos.

- Acepta lo peor. Lo peor puede suceder y puede ser terriblemente horrible. No estás aprendiendo si no estás herido. Así que si el peor de los casos ocurre, acéptalo y aprende de ello.

Por qué deberías considerar el peor de los casos

A veces, cuando llegamos a la raíz de nuestro mayor miedo, nos damos cuenta de que no es tan aterrador. Si te ves obligado a ser innovador, tu sufrimiento puede generar resultados positivos, crear una solución y ayudar a superar tus desafíos.

Hay algunas razones por las que esto es efectivo para muchas personas:

- Te permite volver al momento presente. La mayoría de las veces que nos sentimos asustados, es porque dejamos que nuestro cerebro se descontrole con todos los posibles escenarios. Pensar en la peor posibilidad y aceptar esa idea ayuda a traerte de vuelta al momento presente.

- Crea el espacio necesario para evaluar tus pensamientos y sopesar las posibilidades. Cuando evaluamos esas cosas que son muy importantes para nosotros, podemos proporcionar una explicación para el miedo preguntándonos: "¿Cuáles son las posibilidades de que esta cosa de la que tengo miedo realmente ocurra?" También puedes evaluar tus pensamientos a fondo con algunas preguntas básicas.

- Eventualmente, te permite procesar, seguro de que incluso si lo peor sucede, aún estarás bien. Para muchos "si", simplemente queremos saber que el siguiente paso que damos no nos llevará a las partes más oscuras de la Tierra. Cuando evaluamos la peor posibilidad, dar ese siguiente paso será más fácil.

Eventualmente, todos estamos haciendo intentos para garantizar nuestra seguridad y nuestra respuesta fisiológica al estrés es una excelente herramienta. Aunque, es importante evaluar el estrés para asegurarse de que la peor posibilidad sea realmente la peor y la mejor cosa a hacer al enfrentar problemas es idear soluciones.

Aprende a moverte según el flujo, entrégate al viento, gira hacia un lado y toma el control.

Capítulo 6: Programa Tiempo de Reflexión.

Pensar y sobrepensar son dos cosas diferentes. Pensar es el proceso de considerar ideas, acciones y cosas similares. Es un proceso de examinar y reflexionar sobre posibles reacciones, acciones o ideas. Este acto es muy importante y esencial antes de tomar decisiones. Puede que no sea tan fácil controlar cómo, cuándo y en qué pensar, pero esto es muy alcanzable a través de la práctica constante. La práctica siempre llevará a la perfección.

Tan importante como es pensar, aún tenemos que tener el control sobre lo que pensamos, cuándo pensamos y con qué frecuencia lo hacemos. Dejar que nuestras mentes elijan nuestros momentos de pensamiento podría no ser tan saludable, ya que estaremos pensando al azar. Una forma de prevenir esto es programar nuestro tiempo de pensamiento a un período más cómodo y ceñirnos a ello.

El proceso de pensamiento es más adecuado durante el día que por la noche. Esto se debe a que nuestras mentes necesitan descanso, y el momento perfecto para descansar la mente es por la noche, mientras dormimos. Por lo tanto, en lugar de mantener la mente ocupada por la noche, utilízala durante el día para pensar y resolver ciertos problemas. Esto te ayudará a tener un perfecto descanso nocturno. Sin embargo, cuando se trata de fantasear sobre algo, el momento más adecuado para hacerlo es por la noche y no durante las horas de trabajo cuando necesitas concentrarte.

El exceso de pensamiento es un hábito formado a lo largo del tiempo y cambiarlo puede llevar un tiempo. Es un proceso multifacético que requiere mucho más que simplemente decir palabras de determinación. Tienes que estar decidido en tus acciones y programar tiempo de reflexión es una de esas acciones que puedes tomar.

Los pasos de "Programar Tiempo de Reflexión".

Programar tiempo de reflexión puede parecer muy abstracto para los principiantes, pero mejora con la consistencia. Hay pasos involucrados en hacer esto. A continuación se presentan los pasos o pautas que necesitas seguir. No importa cuán tontos parezcan los siguientes pasos, no detengas el ejercicio.

1. Selecciona un proceso de reflexión que se ajuste a tus preferencias. Hay muchas formas en que podemos reflexionar sobre las cosas, algunas de estas formas son: tener un diario, abrirte a alguien en quien puedas confiar, dar un paseo, y muchas más. Si una forma no parece alcanzable, entonces prueba con otra pero tómate un tiempo para meditar. Cuando tenemos problemas, no deberíamos ignorarlos con charlas incesantes sobre deportes, noticias y moda. Hablar de estas cosas no es malo, pero cuando ocupan nuestro tiempo de reflexión, se convierte en un problema.

2. Programa tiempo de reflexión cada día durante una semana. Forma el hábito de pensar en un momento todos los días durante al menos una semana. Para empezar, puede ser un mínimo de 15 minutos, generalmente por la mañana o durante el día. Tu tiempo de reflexión no debería ser por la noche justo cuando te estás a punto de dormir. Esto se debe a que te mantendrá despierto y no obtendrás el sueño suficiente que necesita el cuerpo.

3. Comienza con poco. Como principiante, no tienes que obligarte a tener una hora de reflexión si no puedes cumplir con ella. Programar tiempo para pensar es un proceso. Es una cosa programar tiempo para pensar, y otra cosa es cumplir con ello. Por lo tanto, comienza con poco, puede ser 10 minutos o menos, siempre y cuando puedas mantenerte en el tiempo.

4. No planifiques sobre qué vas a pensar. Deja que esta cita contigo mismo sea totalmente improvisada. No reserves la cosa exacta en la que vas a pensar y no programes tu tiempo para que caiga en los días o períodos en los que tengas mucho trabajo que hacer. No debe haber agenda para esta reunión, deja que sea un tiempo de sorpresa para ti y tus pensamientos.

5. Durante esa ventana de 15 a 30 minutos, anota todos los pensamientos que tengas. Antes de tu tiempo de reflexión cada día, determina que no te preocuparás ni sobrepensarás sobre los pensamientos que estás a punto de tener, hasta la siguiente sesión de reflexión. Esto te ayudará a mantener tus pensamientos bajo control incluso después del tiempo de reflexión.

A veces, puede que no sepamos qué nos molesta, pero con este paso, estas cosas serán reveladas. Se recomienda que durante nuestras horas de reflexión, intentemos anotar los pensamientos que hemos tenido. Esto ayudará a darnos una visión más clara de lo que nos molesta y lo que no. Antes de que se acabe tu tiempo de reflexión, si tu mente te lleva a las posibles soluciones a tus problemas, entonces está bien, pero si no, no pienses en el problema fuera de tu ventana de reflexión.

6. Entre los tiempos de reflexión. No pienses en tus pensamientos durante el último tiempo de reflexión hasta el siguiente. Esto significa que no debes preocuparte por tus problemas o las soluciones a ellos fuera de tu tiempo de reflexión. Esto no es tan fácil como parece, requerirás acciones deliberadas para evitar preocuparte constantemente por ciertos temas. Decide firmemente dentro de ti preocuparte por tus problemas solo durante tu tiempo de reflexión programado.

7. Al final de la semana, tómate unos minutos para revisar lo que escribiste a lo largo de esa semana. Al final de cada semana, tómate tiempo para observar tus pensamientos de la semana. Nota los pensamientos recurrentes, los pensamientos que dejaron de aparecer después de un tiempo, los que siguieron llegando, los cambios en tus pensamientos y cada detalle de tus patrones de pensamiento. Medita sobre estos descubrimientos ya que te ayudarán a seleccionar los primeros diez de tu lista.

8. Haciendo esto durante una semana, considera intentarlo por otra. Recuerda que la práctica hace al maestro, un hábito no se forma en un día, pero la consistencia lo hace posible. Practica los pasos anteriores con más frecuencia y te darás cuenta con el tiempo de que tienes el control de tus pensamientos, dónde, cuándo y con qué frecuencia piensas.

El proceso de pensamiento es muy esencial, como se mencionó anteriormente; es una de las medidas activas para resolver problemas. Es una de las maneras de enfrentar las incertidumbres de la vida. Esta vida está llena de riesgos, no podemos predecir qué ocurrirá en los próximos 30 minutos y esto ha llevado a muchas personas a preocuparse por cada pequeño detalle. Sin embargo, en lugar de entregarte a todas las causas de preocupación en la vida, puedes pensar en aquellas que puedes resolver y dejar ir las que no puedes.

Entrena tu mente para permanecer calmada y en paz en situaciones.

Capítulo 7: Piensa Útilmente.

La mayoría de nosotros somos aficionados a sobrepensar situaciones sobre las que realmente no podemos hacer nada. Para ser honesto, es totalmente inútil seguir pensando en estas cosas. Te recomendaré encarecidamente que comiences a pensar de manera efectiva.

Por ejemplo, has estado esperando con ansias una promoción en el trabajo. Tienes que recordar que obtener esa promoción está TOTALMENTE en manos de tu empleador, sin importar qué calificaciones adicionales añadas a tu currículum. Pensar inútilmente, en este caso, es una pérdida de tiempo y energía mental preguntándote si te promoverá o no.

Por el contrario, tu pensamiento debería centrarse en lo que necesitas hacer para calificar para una promoción. Podrías necesitar mejorar tus habilidades, obtener otro certificado o incluso mostrar más dedicación a tu trabajo. Sea cual sea el caso, piensa en producir resultados, ¡no en lamentarte!

Estoy de acuerdo en que no es fácil romper algunos hábitos de pensamiento, pero liberarte de estos patrones puede desbloquear la creatividad en ti y tengo aquí varias formas de ayudarte a liberarte de estos patrones de pensamiento.

Prueba teorías. Hay suposiciones esenciales para cada nuevo caso. Debes probar estas teorías para una variedad más amplia de oportunidades y perspectivas.

Presumes que no puedes permitirte comprar una casa o incluso hacer un depósito, así que no compras la casa basado en esta presunción. Prueba esa teoría evaluando tus activos para ver si su valor puede conseguirte esa casa a cambio. Quiero decir, puede que no tengas el dinero en efectivo o en tu cuenta, pero no tomes una gran acción basada en una presunción. Pregúntate qué puedes hacer para conseguir el dinero y tal vez no parezca tan imposible.

Parafrasea el problema. Puede que te sorprenda descubrir que te vuelves innovador cuando lo expresas de manera diferente. Solo puedes lograr esto con una mente abierta y analizando el problema desde diferentes perspectivas. Intenta verlo desde afuera, sin sentimientos, para que puedas abordar el problema lógicamente. Hazte todas las preguntas difíciles pero importantes y será más fácil idear nuevos planes para solucionar los problemas.

A mediados de los años 50, las empresas que poseían envíos perdieron su carga en los vagones. A pesar de que más tarde intentaron dirigirse hacia una construcción y desarrollo más rápidos, y barcos más eficaces, todavía no pudieron solucionar los problemas. Pronto, un especialista cambió la descripción del problema, hablándolo de una manera completamente diferente. Sugirió que evaluar las maneras en que la industria puede comenzar a disminuir el costo debería ser el nuevo dilema. Este nuevo enfoque abrió puertas a nuevas estrategias. Cada área, sin excluir los envíos y el almacenamiento, fue deliberada. Eventualmente, el resultado de este nuevo enfoque fue lo que se llama un barco portacontenedores y un vagón/caja de carga.

Invierte tus pensamientos. Cuando te quedes atascado y no puedas resolver un problema, intenta invertirlo o hacer un cambio completo. Tómalo desde el otro extremo. Considera cómo crear el problema y agravar la situación, en lugar de deliberar sobre cómo puedes solucionarlo. Esta estrategia de inversión generará consejos novedosos sobre cómo abordar el caso. Cuando luego pongas el asunto en su lugar, podrías obtener claridad.

Utiliza diversas formas de comunicar. No siempre tenemos que usar nuestro medio verbal lógico ante un problema, que es bastante típico en nosotros. Somos demasiado inteligentes para limitar nuestras capacidades de razonamiento. Usa otros métodos para articular los problemas. En este punto, no te preocupes demasiado por resolver el asunto. Solo articula. Varias personas con diversos medios de articulación pueden generar muchos nuevos patrones de pensamiento para cultivar nuevas ideas.

Conecta los puntos. Parece que la mayoría de las ideas más efectivas nunca son planeadas, simplemente ocurren. Puede ser algo aleatorio que viste o escuchaste que te inspire lo suficiente como para dar a luz esa idea inteligente. Hay muchos ejemplos que apoyan esto: Apple, Newton, y así sucesivamente.

Puede que te preguntes por qué nos afecta la aleatoriedad de esta manera, es porque estas cosas impredecibles activan nuestros cerebros en nuevos patrones de pensamiento. Por lo tanto, puedes utilizar esto a tu favor y conectar los segmentos desconectados.

Caza deliberadamente un ímpetu incluso en lugares sorprendentes y trata de vincular las piezas desconectadas del caso y el ímpetu. Las formas de construir la red son:

Utiliza consejos no relacionados. ¿Qué tal si eliges al azar una palabra del diccionario y tratas de crear una conexión entre tu problema y la palabra?

Asocia las ideas probables. Pon una palabra particular en la página, escribe todo lo que se te ocurra en esa misma página. Luego intenta crear una red entre ellas.

Puedes tomar una foto al azar, por ejemplo, y ver cómo puedes vincularla al caso.

Toma algo, cualquier cosa, y considera cómo puede contribuir a tu caso positivamente preguntándote preguntas vitales para descubrir qué característica tiene el objeto que puede ayudar a dar la vuelta a la situación.

Cambia tu perspectiva. Si quieres ideas frescas, puede que necesites cambiar la forma en que ves la situación porque, a medida que pasa el tiempo, tener un punto de vista particular solo resultará en las mismas ideas asociadas.

Pide la opinión de otro. Las personas son tan diferentes, todos tenemos diferentes maneras de abordar una situación. Por lo tanto, pregunta a otras personas su opinión y su línea de acción preferida sobre el caso. Puede ser un niño, un amigo, un patrón, tu pareja o incluso un extraño al azar con un estilo de vida completamente diferente y quizás una perspectiva de vida totalmente distinta.

Entrégate a un juego. Puedes intentar ver las cosas desde el punto de vista de un millonario, por ejemplo, o preguntarte qué haría Obama si fueras él.

Cualquier persona notable que elijas tiene un carácter distintivo; por lo tanto, considera estos atributos y úsalos para abordar el problema desde otro ángulo. Por ejemplo, si asumes el papel de millonario, entonces también deberás mostrar sus atributos al planificar. Atributos como la extravagancia y el negocio aventurero. Alguien como Tiger Woods, por otro lado, es más probable que exhiba perfeccionismo, tenacidad y una observación minuciosa de cada detalle del caso.

No solo necesitarás planear un diseño facultativo, sino que también querrás practicar todos los consejos mencionados anteriormente. El diseño facultativo que propongas puede ayudar a crear una sensación optimista, lo que luego mejora tu pensamiento innovador.

Cada vez que te sientas desviándote hacia el modo de sobrepensar, dirige tus pensamientos hacia el pensamiento efectivo y deshazte de cualquier pensamiento que no sea productivo.

Capítulo 8: Establecer límites de tiempo para tomar decisiones.

Todo sobre nosotros se debe a nuestras decisiones. Las amistades, la salud, o incluso nuestra vocación y cada otra cosa que nos hace quienes somos hoy son nuestra capacidad o incapacidad para tomar decisiones, y las elecciones que ya hemos hecho. Dicho esto, es lamentable que muchas personas aún encuentren difícil tomar decisiones. Incluso si todo lo demás parece ir bien para nosotros, cuando las cosas se ponen difíciles y el momento exige que tomemos esa decisión, nos encogemos. Simplemente parece tan difícil decidirse por algo y mantenerlo.

Cada día, vivimos por las innumerables decisiones que tenemos que tomar, ya sean pequeñas o enormes. De eso se trata la vida. El progreso será más alcanzable si podemos desglosar estas grandes decisiones en decisiones pequeñas.

La afirmación de que la mejor decisión es no tomar ninguna decisión en absoluto, es casi siempre inexacta. Las personas indecisas son más propensas a ser controladas por sus vidas en lugar de al revés. Sin control sobre tu vida como resultado de la indecisión, es posible que no seas tan autosuficiente como te gustaría, por lo tanto, necesitas aprender a ser decisivo y tomar el control de tu vida.

La mejor manera de instigar tu hábito de sobrepensar es tener una decisión que tomar con la necesidad de acertar y más que suficiente tiempo para hacerlo. Todo el proceso de contemplar el mejor paso a seguir, considerando todas tus opciones mientras te tomas tu tiempo, es solo una invitación a sobrepensar las cosas. Establecer un límite de tiempo para ti mismo es realmente la forma más efectiva de frenar ese hábito. Se aconseja fijar un límite basado en la gravedad o magnitud de la decisión. Asegúrate de detener toda evaluación adicional una vez alcanzado el límite y simplemente selecciona una opción, actúa en consecuencia y continúa.

El propósito de este consejo es no dejar lugar para la sobre reflexión y fomentar la acción a través de tu límite de tiempo establecido. Es bastante sencillo: simplemente comienza a cronometrarte justo cuando inicias el proceso de análisis para tomar una decisión. Debido a tu conciencia del tiempo, tu análisis de las ventajas y desventajas será más conciso. De hecho, esta técnica es tan fácil y realizable.

Si tardas demasiado en tomar decisiones, entonces este consejo es justo lo que necesitas. Puedes establecer el tiempo tan corto como 1 minuto, o tan largo como 5 minutos, o cualquier número intermedio.

Cómo Establecer Límites de Tiempo Para Tus Decisiones

- Establece un límite en tu número de opciones. Al tratar de tomar una decisión, reduce tus opciones a un máximo de 3 cosas, en lugar de dejar tus opciones amplias, vastas e ilimitadas.

- La Ley de Parkinson (fija un límite de tiempo). Cuando estableces un límite de tiempo, te hace trabajar menos y estresar menos tu cerebro, y simplemente no habrá suficiente tiempo para agotarte trabajando. El trabajo solo se trasladará a ocupar el tiempo disponible.

- Mantén tus opiniones al mínimo. Tres personas para ofrecer sus opiniones son suficientes para ayudarte con tu análisis. No te causes confusión, las personas son diferentes, cuantas menos opiniones contradictorias recibas, más fácil será llegar a una conclusión.

Recordatorio: si descubres que persistentemente pides las opiniones de los demás, entonces podría indicar que no estás tan seguro de lo que quieres, o que simplemente puede que no lo quieras en absoluto. Obtener una segunda o tercera opinión de vez en cuando puede ayudarte a verificar una decisión que probablemente ya has tomado.

- Técnica de servilleta. Dado que no puedes hacer mucho en una servilleta, es mejor dibujar tu plan en una servilleta primero y descubrirás que solo se dibujarán las cosas más importantes.

- Sé positivo. Cuando aprendes a ver la positividad en cada opción y decisión, entonces podrás aceptar las consecuencias de cualquier manera, sin arrepentimientos. Tomas la decisión y luego aprendes de ella.

- Técnica de caminar por la tabla. Hazte el voto de hacer algo que odias o que preferirías no hacer si no tomas una decisión dentro de tu tiempo estipulado. O lo haces completamente o no lo haces en absoluto.

Establece un límite en el número de decisiones que tomas por día.

Para frenar el sobrepensamiento, dale a tu cerebro suficiente tiempo y espacio para cuando tengas decisiones cruciales que tomar, reduciendo las decisiones menos importantes. Es fácil equivocarse al pensar que reducir decisiones es similar a reducir gastos, pero no puede estar más alejado de la verdad. La verdad es que el tiempo, por corto que parezca, para tomar esas decisiones menos cruciales puede estresar tu cerebro antes de que incluso plantees las más críticas, reduciendo la capacidad mental de tu cerebro en ese momento. Por lo tanto, lo mejor es que delegues esas pequeñas decisiones mientras ahorras esa energía mental para las decisiones cruciales. ¡Así que ahorra a tu cerebro el estrés!

Esto se refiere especialmente a esas pequeñas tareas diarias sobre las que necesitas decidir, pero que no son particularmente cruciales.

Es un hecho conocido que Steve Jobs repetía la misma ropa todos los días solo para no tener que pensar en qué ropa ponerse a diario. Justo para que Tim Ferris pueda evitar preguntarse qué comer cada mañana, tiene el mismo tipo de desayuno, aunque saludable, cada mañana. El presidente Obama también restringió sus respuestas por correo electrónico a "acepto", "no acepto" o "discutir" para no involucrar su energía mental en estas pequeñas decisiones.

Por lo tanto, de ahora en adelante, al considerar las tareas a asignar, asegúrate de que el costo de energía mental esté bien evaluado. Por lo tanto, podemos afirmar con seguridad que menos sobrepensar se traduce en más crecimiento y desarrollo personal.

Reducir el peso de tu toma de decisiones siempre te dará frutos sin importar cómo elijas hacerlo. Puedes emplear a un asistente virtual para encargarse de todas tus tareas administrativas o contratar a un freelancer para que se ocupe de una o dos cosas a medida que surjan las necesidades, sin embargo, la delegación vale la pena.

Pon un plazo a tus pensamientos. Limita tu número de decisiones diarias y establece plazos cortos para las decisiones.

Capítulo 9: Considera el Panorama General.

Sobrepensar solo magnifica las cosas triviales tanto que causa pánico, y el mundo ya es lo suficientemente aterrador tal como es. Además, sobrepensar convierte un pequeño problema en un asunto innecesariamente grande.

Cada día, enfrentamos una prueba u otra y con el tiempo, nuestras malas experiencias engendran miedo. Miedo a la pérdida de seres queridos, o a la pérdida de objetos valiosos, miedo a la insatisfacción y al descontento en la vida, miedo a fracasar en una entrevista y perder un trabajo que ni siquiera has conseguido todavía, o miedo a arruinar esa primera cita.

No te dejes limitar ni retener por el miedo. No permitas que el miedo te impida alcanzar las alturas que deseas.

No todo saldrá según lo planeado, pero no te desanimes porque los contratiempos suelen ser indicadores de grandeza que aún está por desarrollarse. Por lo tanto, al hacer tus planes, necesitas aprender a relajarte y confiar en el proceso. La relación entre la intención y el miedo es la tendencia a tener menos miedo cuando estamos más dispuestos a creer en nuestras intenciones y a dejar de lado toda negatividad para centrarnos en las posibilidades de obtener buenos resultados finales.

Sobrepensar es muy fácil. Es tan fácil dejar que uno caiga en ese modo de sobreanálisis cada día, pero necesitas aprender a pausar y mirar el panorama general.

Necesitamos darnos cuenta de que la mayoría de estas cosas que parecen ser un gran problema ahora, probablemente no serán significativas en unos meses, o en unos años, o a veces incluso en unas pocas semanas.

El momento en que te das cuenta de que lo que parece ser un gran problema no es más que una pequeña mancha en comparación con la vista general, entonces tal vez dejes de magnificarlo.

A continuación se presentan algunos consejos para aclarar las cosas y ayudarte a mirar más allá de tus miedos para ver la visión general:

- Pausa y reflexiona. Inmediatamente cuando empieces a sentir que sobrepiensas, simplemente pausa por un momento para meditar sobre las cosas. Luego, preguntarte cosas simples pero importantes puede ayudar a poner las cosas en perspectiva. Pregúntate cuál es el problema exactamente. Identifica el problema específico con el que estás teniendo dificultades y esto puede ayudarte a hacer los ajustes correctos. Pregúntate cómo te hace sentir todo esto. Si te sientes inquieto por ello, entonces probablemente no obtendrás ninguna claridad. Ahora pregúntate sobre el porqué. ¿Por qué respondiste de la manera en que lo hiciste? ¿Fue adecuada tu reacción? Estarás de acuerdo conmigo en que tendemos a perder la compostura y tener un ataque ante una situación volátil. Pausar para considerar estas cosas puede ayudar a aclarar los problemas.
- **Come to terms with the things you can do nothing about.** It is pointless and enraging to overthink things that you can't change and it can cause you to have a mixed up view of life. It can be hard but with the tips below, you can learn to just let go of things you can't control.
    - Identifica tu parte y tarea. ¿Puedes hacer algo al respecto? ¿O está totalmente fuera de tu control?
    - Sé optimista. Una de las pocas maneras de manejar un caso sobre el cual no tienes control es simplemente encontrar algo bueno al respecto y mantener una actitud optimista.
    - **Progress.** Retrace your steps when you find that you are going around in a circle, getting the same outcome. Assess your actions to consider other options.

- Deja de compararte con otras personas. Comparar tu ocupación, apariencia, habilidades e ingenio con los de otros es totalmente innecesario. La vida influye y moldea a las personas de diferentes maneras y no hay dos personas que hayan vivido la misma vida. Estas comparaciones solo establecen alturas inalcanzables que debes alcanzar. Nadie más ha vivido tu vida excepto tú y nunca puedes vivir la vida de otro. Nunca olvides que eres único.

- Aprende de experiencias pasadas. No importa con qué estés combatiendo, reflexiona sobre eventos pasados en relación con el problema en cuestión y observa cómo te preocupas menos. Así que, medita sobre las lecciones que se pueden aprender de estos eventos históricos y ve cómo pueden ayudar a resolver el problema presente.

- Concéntrate en las cosas que puedes cambiar. Es más difícil hacer cambios en un caso que consideras imposible. Por lo tanto, comienza tratando de cambiar las cosas más pequeñas que están bajo tu control para no sentirte totalmente inútil. Por ejemplo, cuando la búsqueda de empleo parece inútil, intenta identificar qué deberías hacer para comenzar o acelerar el proceso. Más temprano que tarde, encontrarás más empleos a los que postularte o simplemente llenar un formulario de solicitud para comenzar el proceso.

- Sé esperanzado sobre el futuro. Otra cosa que hace la sobrepensación es hacer que el futuro te parezca sombrío. Puede que sientas que no hay nada por lo que esperar. Necesitas aprender a separar lo que sucede actualmente en el presente de lo desconocido en el futuro. Tu pesimismo en el presente no tiene que quitarte la esperanza del futuro, pase lo que pase. En lugar de decir cosas como "nunca podré completar este trabajo", di "¿cómo puedo alcanzar este objetivo y completar mi trabajo?". Visualízate terminando el proyecto y espera la satisfacción.

- Identifica tus sentimientos. Tu tendencia hacia el optimismo puede depender, lamentablemente, de cómo te ven los demás. Preocúpate más por cómo te ves a ti mismo y quién eres para ti en lugar de preocuparte por la perspectiva de los demás sobre ti. Por ejemplo, sé más rápido en preguntarte qué te gusta de ti mismo en lugar de qué les puede o no les puede gustar de ti.

- Nunca olvides que las cosas cambian. La vida es variable. Los tiempos y las estaciones cambian. Aquellos que son más felices y a veces viven más tiempo son los que han aprendido a ajustarse a esos cambios. Para una comprensión más clara, una forma en que puedes aprender a ajustarte es buscando fotos antiguas y notando cuánto has crecido. Quizás puedas empezar de nuevo tomando fotos de ti mismo ahora como una medida contra el cambio que deseas. Mirar la imagen "base" de vez en cuando puede inspirarte y ayudarte a trabajar en el presente.

- Visualiza tu entorno. Deberías sentirte reconfortado sabiendo que en este vasto mundo hay, muy probablemente, al menos 2 personas más que tienen un problema similar al tuyo. ¡No estás solo! Deja de intentar resolver cada problema, la verdad es que solo eres un ser, no puedes ganarlos todos por ti mismo.

- Elabora objetivos prácticos. Establecer metas alcanzables puede realmente ayudar a mantener la claridad. Al establecer tus objetivos, mantente alejado de metas poco realistas, esas que son tan abrumadoras que parecen imposibles. Por ejemplo, puedes establecer una meta en la que perderás unos pocos kilos al mes si tu objetivo a largo plazo es ser 100 kilos más delgado. En lugar de intentar perderlo todo en los primeros meses, divídelo en unidades.

Pon las cosas en una perspectiva más amplia. Pregúntate cuánto tiempo importará esto. ¿Importará esto en 5 años? ¿O incluso en 5 semanas? Imagina un final feliz.

Capítulo 10: Vive en el Momento.

La vida es como un tren en movimiento; no espera a que estés seguro de tu futuro antes de unirte al viaje, ni tampoco espera a que superes tu pasado. La vida se compone del pasado, el presente y el futuro, pero se nos da un precioso regalo del presente cada día. El pasado está ahí solo para recordarnos dónde hemos estado y el futuro, para recordarnos a dónde vamos, pero el presente es la vida que ya estamos viviendo. Quedarnos atascados en nuestros pasados puede hacernos olvidar la vida que se supone que debemos vivir, haciendo que el tiempo pase desapercibido. La vida es preciosa, solo podemos vivirla en el presente, no en el pasado ni en el futuro tampoco.

No es inusual enfrentarse a desafíos, distracciones, heridas y otras cosas negativas que nos llevan a preferir escondernos en la sombra de nuestro pasado en lugar de enfrentar la realidad. Esto no va a ayudar a nadie de todos modos. La mayoría de las personas simplemente existen sin vivir, siguen con sus horarios como títeres sin tener realmente tiempo para disfrutar del presente. Lo hacen con rostros sonrientes pero ojos infelices solo porque están estresados y obviamente necesitan un descanso, un descanso para irse de vacaciones, para sentarse sin hacer nada, para simplemente ser libres.

A pesar de nuestros apretados horarios, siempre deberíamos intentar vivir en el momento, esto también se conoce como atención plena. La atención plena es el estado de estar totalmente consciente del presente. Ser consciente es aceptar tus pensamientos tal como son sin preocuparte demasiado por ellos. Es darse cuenta de que la vida debe ser vivida, no solo existir. Una persona consciente siempre vivirá no basándose en sus pensamientos y eso es quien deberías ser.

¿Por qué es importante estar presente?

Vivir en el presente te ayuda a apreciar más la vida. Evita que permanezcas en el pasado o que pienses demasiado en el futuro. Vivir en el presente es una habilidad que debe adquirirse para ayudarte a vivir una vida más emocionante.

A continuación se presentan algunas de las cosas importantes sobre vivir en el momento.

- Menos preocupaciones y sobrepensar. Vivir en el momento o estar presente te mantiene completamente consciente del ahora. Te evita preocuparte y sobrepensar sobre el futuro y permanecer en el pasado.

- Puedes apreciar el mundo un poco más. Cuando vives en el momento, tiendes a apreciar el mundo que te rodea. No estarás preocupándote por el pasado ni temiendo por el futuro.

- Puedes averiguar qué te puede estar molestando fácilmente. A veces, puede que no sepas qué es lo que te molesta, pero vivir en el momento o estar presente te ayudará a darte cuenta cuando no te sientes bien, emocional, física y de otras maneras.

- Puedes empezar a sentirte más relajado. Estar en el presente te permite tener el control de tu vida y esto te ayudará a sentirte más relajado. Una vez que sientas que tienes el control, no te preocuparás demasiado por la vida.

Pasos prácticos para vivir en el presente.

Algunas personas viven sus vidas en el pasado, mientras que otras viven las suyas en el futuro. Sin embargo, el pasado se ha ido, el futuro aún está por venir, el único momento verdadero que tenemos es el presente. Así que siempre vive en el presente porque ahí es donde realmente podemos vivir.

1. Elimina las posesiones innecesarias. Desprenderte de algunos objetos que te recuerdan tu pasado puede ayudarte a avanzar y podrás vivir en el presente. Deshazte de cualquier cosa que te siga recordando el pasado.

2. Sonríe. Simplemente sonríe. No solo ilumina tu día, sino también el de los demás. Cada nuevo día es un regalo y siempre debemos recibirlo con una sonrisa. La vida puede estar

llena de incertidumbres, pero puedes controlar lo que te sucede. Así que mantén una mentalidad positiva hacia la vida.

3. Aprecia plenamente el momento de hoy. Cada día es una bendición, así que crea recuerdos, aprecia la naturaleza, nota cada detalle del día, no permitas que el tiempo pase desapercibido.

4. Perdona las heridas del pasado. Mantener rencor no le hace daño a nadie más que a ti. Intenta perdonar a todos aquellos que te han hecho daño en el pasado. No dejes que el pasado te persiga, deja ir todo el dolor perdonando.

5. Ama tu trabajo. No tienes que seguir haciendo lo que odias durante 5 días de 7 a la semana. Este es el nivel más alto de desperdicio de tiempo y debe ser detenido. Puedes renunciar completamente al viejo trabajo y buscar algo más que ames, o puedes enfocarte en un área particular del viejo trabajo que ames y ser capaz de hacerlo con alegría.

6. Trabaja duro hoy, pero no dejes de soñar con el futuro. No dejes que soñar con el futuro te haga olvidar vivir el presente. No vivas en un sueño y te olvides de tu realidad. Soñar con el futuro, tener metas y aspiraciones no es suficiente para ofrecerte un futuro dorado. Debes trabajar duro ahora para alcanzar estas metas.

7. Deja de obsesionarte con logros pasados. Si te encuentras obsesionado o hablando demasiado sobre tus logros pasados, entonces es como resultado de pocos o ningún logro en el presente.

8. Reconoce y observa tus preocupaciones. No trates de ignorar tus preocupaciones, ni siquiera intentes controlarlas. Sin embargo, reconoce tus preocupaciones, considéralas desde el punto de vista de un extraño sin necesidad de responder a ellas.

9. Deja ir tus preocupaciones. Cuando no te concentras en tus preocupaciones, se desvanecerán tan rápido como llegaron. Aprende a dejar ir tus preocupaciones, no fijas tu mente en ellas.

10. Mantente enfocado en el presente. Nuestras emociones, pensamientos y sentimientos cambian constantemente. Así que, asegúrate de moverte con el cambio; una vez que te des cuenta de que has estado pensando en algo durante demasiado tiempo, devuélvete al presente. Intenta conscientemente siempre vivir en el momento presente.

11. Piensa más allá de las viejas soluciones a los problemas. Nuestro mundo está en constante cambio; las reglas están cambiando y también lo están las soluciones a los problemas. No te acostumbres a las viejas formas de hacer las cosas, mantente abierto al cambio y acéptalo. El enfoque que uses para resolver un problema hoy puede no funcionar para el mismo problema mañana. No permitas que ningún tiempo o momento pase desapercibido. Esto te permitirá vivir siempre en el presente.

Pasa más tiempo en el momento presente. Disminuye la velocidad. Dite a ti mismo: Ahora estoy... Interrumpe y reconéctate.

Capítulo 11: Meditar

Sobrepensar no aclarará tu mente, ni te ayudará a encontrar una solución práctica. En cambio, resulta en un pensamiento rencoroso, redundante y obsesivo. Es probable que el proceso de pensamiento lógico se vea oscurecido por una mente que sobrepiensa. Eres consciente de que es imposible cambiar el pasado y que nadie conoce el futuro. Aun así, la mente está atrapada en una red de pensamientos. No olvides que hay una delgada línea entre entender tus errores pasados y estar obsesionado con ellos.

Observar a un niño puede ayudarte a descubrir que en la mente de un niño, solo existe el 'hoy'. No hay pensamientos sobre el futuro o el pasado, solo disfrutan lo que está sucediendo actualmente. Nosotros fuimos una vez niños. Y tenemos la capacidad de vivir en el presente y evitar el estrés de pensar en exceso. ¿Cómo? Puede que quieras preguntar. No solo la meditación te ayuda a detener el pensamiento excesivo, sino que también te lleva de vuelta a los tiempos en que todo era simple.

La meditación es una excelente manera de prevenir absolutamente el sobrepensar. Siéntate en un lugar sereno, concéntrate en tu respiración y considera despejar cada pensamiento de tu mente. Cuando un pensamiento surja en tu mente, obsérvalo sin ningún involucramiento emocional, sé consciente del pensamiento pero no permitas que te afecte.

4 Maneras en que la meditación ayuda a detener el pensamiento excesivo

Reorienta tus objetivos. Tu mente puede estar sobrecargada con ideas y pensamientos redundantes cuando piensas en exceso. Puedes estar estresado por arrepentimientos, sospechas, dudas, realidades distorsionadas y alusiones. Todo esto no te ayudará a vivir feliz o tranquilamente. Te das cuenta de que tus pensamientos están sesgados y son constructivos. Si estás dispuesto a saber más, podrás unirlo todo para llevar a cabo las grandes búsquedas en la vida.

Lucha contra los pensamientos negativos. La mayoría de las veces, trasladamos la culpa de todos los problemas en nuestra vida. Al menos, lidiar con los problemas es más sencillo cuando hay otra persona a quien culpar. La meditación te ayuda a luchar contra hábitos poco saludables, como desviar la culpa y buscar fallos. Prueba la meditación consciente. Es muy efectiva para evitar que pienses en exceso. En este espacio de conciencia, podrás buscar verdades reales y deshacerte de pensamientos tóxicos. Así, te ayudará a concentrarte en acciones y pensamientos positivos.

Despeja tu mente. Pensar en exceso es un indicador clave de que algo te está consumiendo. Llega a la raíz de tu aprensión y resuélvelo de manera directa. Uno de los efectos beneficiosos de la meditación es que despeja tu mente. Eres capaz de planificar, organizar y realizar un análisis efectivo en tu mente. Tan pronto como entiendas el problema, puedes comenzar a pensar en cómo enfrentarlo. Esto ayuda a prevenir pensamientos divagantes, que pueden ser innecesarios y tóxicos.

Te desprende del apego. El pensamiento excesivo es una expresión de todo aquello a lo que estás atado - tus pensamientos, palabras, ideas y acciones. Hay demasiado apego entre nosotros y otras personas, o entre nosotros y las relaciones, esto borra nuestro pensamiento y juicio, haciéndonos sobreanalíticos y demasiado críticos.

Sin embargo, esto es lo que necesitas saber sobre la meditación: no hay una sola manera de hacerlo, no hay una forma correcta o incorrecta. En las primeras etapas, meditar se siente raro. Ciertamente. Tu cabeza te proporcionará una larga lista de cómo es una pérdida de tiempo. ¿Cuál es el sentido de estar ahí sentado sin pensar en nada? Te retorcerás y girarás. Te enojarás. Persevera a través de todo. Se vuelve más fácil.

Cómo Meditar en 9 Pasos Sencillos

1. Dedica de 5 a 30 minutos cada día. Como principiante, comienza con cinco minutos. Para muchas personas, cinco minutos son ideales, y de hecho, cinco minutos de meditación

pueden tener efectos positivos. En cuanto a la frecuencia, se cree que la meditación debe ser un objetivo diario, como cepillarse los dientes.

2. Deshazte de las distracciones. Selecciona un período del día en el que tengas una cantidad mínima de distracciones. Quizás, durante las primeras horas del día.

3. Relájate y ponte cómodo. Antes de meditar, a algunas personas les gusta estirarse porque ayuda a relajar y soltar los músculos. Estar quieto puede ser difícil para un principiante; sin embargo, estirarse y relajarse te da una ventaja.

4. Selecciona tu posición. No importa si estás sentado o acostado, tu posición es una decisión personal. Para algunas personas, acostarse es cómodo; para otras, estar sentados lo es. Lo importante aquí es estar cómodo, es decir, no encorvarse y mantener la columna recta. Si estás sentado, relájate y coloca tus manos sobre tus piernas. Puedes sentarte con las piernas cruzadas en el suelo mientras te apoyas en un cojín, o en una silla y mantener tus piernas en el suelo. No es obligatorio contorsionar tu cuerpo en una posición de loto si resulta incómodo.

5. Concéntrate en tus pensamientos. Prepárate para el vaivén de tu mente. El secreto de la meditación es enfocar tu mente en lo que está sucediendo actualmente y no en lo que ha sucedido, o en lo que sucederá en una hora. Ahora, debes estar quieto, relajado y simplemente sanar. Tan pronto como hayas seleccionado el período ideal y estés relajado y cómodo, estarás preparado para concentrar tu mente en tu respiración. Es una decisión personal si deseas meditar con los ojos cerrados o abiertos. A veces, la música relajante puede ayudarte a meditar de manera efectiva. Si disfrutas meditar mientras escuchas música, eso es aceptable. Hay una variedad de música para escuchar.

6. Toma respiraciones lentas y profundas. Cierra suavemente los ojos. Comienza respirando lenta y profundamente: inhala por la nariz y exhala por la boca. Evita respirar con fuerza. Permite que venga de manera natural. Las primeras inhalaciones pueden ser superficiales, pero a medida que dejas que tus pulmones se llenen de aire cada vez, tus respiraciones se volverán progresivamente más plenas y profundas. Puedes tomarte todo el tiempo que necesites para respirar profundamente y lentamente. Después de un tiempo, las respiraciones profundas comienzan a hacerte sentir más relajado y en paz.

7. Cuando tu mente divague, enfócala de nuevo en tu respiración. Es de esperar que tu mente divague. Intenta suavemente devolverla al presente, es decir, a tu respiración. Tus

pensamientos pueden desviarse cada cinco segundos. Esto está perfectamente bien. Una vez que comiences a practicar la meditación con frecuencia, habrá una reducción en la divagación de tu mente y tu cuerpo y mente realmente se relajarán. Sentarte en silencio y concentrarte en tu respiración es difícil, pero haz ese sutil y deliberado esfuerzo por enfocar tu mente en el presente. Este es el concepto de la meditación: enfocar tu conciencia en lo que está sucediendo en este momento. Además, si crees que podrías quedarte dormido, cambia de posición.

8. Terminando tu meditación. Tan pronto como estés preparado para finalizar tu meditación, abre los ojos y levántate con cuidado. Gran trabajo. ¡Lo has logrado!

9. La práctica constante te hace perfecto. No es una competición. Es posible que en este momento solo puedas meditar durante tres minutos. Con el tiempo, este período aumentará, así como todos los efectos beneficiosos de la meditación. Hay una diferencia significativa con el tiempo. Comenzarás a experimentar una sensación de felicidad, paz y tranquilidad. Continúa con ello, puede ser desalentador al principio, pero está bien. Soy una mamá ocupada con una carrera multitarea, así que me ha resultado muy beneficioso. Más beneficioso de lo que imaginaba.

Puedes deshacerte totalmente del mal hábito de sobrepensar meditando durante 10 minutos cada día.

Capítulo 12: Crea una lista de tareas.

Aunque tu mente puede ser tu arma más poderosa; sin embargo, si se descuida, tu mente también puede impedirte alcanzar tus metas. Tu mente tiende a exagerar la verdadera naturaleza de las cosas, haciéndolas más grandes de lo que realmente son.

Por ejemplo, si tienes que terminar un par de tareas en un día, tu mente podría hacer que parezca una hazaña imposible completarlo en un día.

Surge con múltiples razones por las cuales la finalización de la tarea será imposible. El secreto para evitar este tipo de sobrepensamiento es crear una lista de tareas.

Por ejemplo, si tienes que crear una presentación, completar un informe, recoger a tu hermana del aeropuerto o tienes una reunión con un cliente, tu mente podría hacer que parezca inimaginable completar todo esto en un solo día.

Hacer una lista de tareas te ayuda a asignar una duración definida para cada actividad, lo que hace más sencillo completarlas.

Aquí hay algunas maneras de dividir estas actividades en una lista práctica, y luego cancelar cada actividad una vez que esté completa.

La forma adecuada de crear y completar una lista de tareas.

- Selecciona un método. Hay varias variedades de una lista de tareas, por lo que esto depende de lo que sea efectivo para una persona en particular. Algunos estudios sugieren que escribir información a mano ayuda a recordarla de manera efectiva; sin embargo, si la última vez que usaste un bolígrafo fue en 1995, no te preocupes; hacer una lista de tareas personal también es posible con la amplia gama de aplicaciones digitales disponibles.

- Toma varias notas. Haz algunas listas de tareas que deben completarse. Debe haber una copia maestra que tenga cada tarea que deseas completar a largo plazo. Por ejemplo, comenzar una clase de idiomas, limpiar el armario, etc. También puedes crear una lista de proyectos semanales que contenga todas las tareas que deben completarse dentro de una semana. Luego, se debe crear una tercera lista de Tareas de Alto Impacto; esta tiene una lista de todas las cosas que deben hacerse hoy - por ejemplo, completar esa presentación de trabajo, llamar al Tío Tom por su aniversario, recoger la ropa de la lavandería. Cada día, las tareas de la lista general y de la lista de tareas semanales se moverán a la lista de Tareas de Alto Impacto, según corresponda.

- Mantenlo simple. Nada es más aterrador que una larga lista de tareas. En realidad, es poco práctico completar una cantidad tan enorme de tareas en 24 horas. Un consejo para simplificar la lista HIT es crear una lista de las tareas que deben completarse hoy y dividirla en dos. El número de tareas en la lista debe ser de aproximadamente 10, otras tareas pueden ser trasladadas al borrador maestro o a la lista de tareas semanales.

- Comienza con las tareas simples. Antes de tus MIT, incluye algunas tareas básicas en la lista: "Ducharse, Lavar los platos del desayuno y doblar la ropa" son grandes ejemplos. Completar y cancelar tareas sencillas puede ayudarte a comenzar tu día con una sensación de positividad.

- Completa tus MITs. MIT significa "tareas más importantes." La parte superior de tu lista debe comenzar con un mínimo de dos elementos que deben completarse urgentemente hoy, esto es para asegurarte de que completes tu informe de proyecto que debe ser entregado mañana, en lugar de aspirar. Aunque las otras tareas de la lista podrían no completarse, las tareas muy significativas se llevarán a cabo.

- Dividir en tareas más pequeñas. Tareas como "trabajar en el proyecto de tesis" parecen demasiado imprecisas y estresantes, esto implica que podríamos sentirnos demasiado abrumados para realmente comenzarlas. Una gran manera de disminuir el miedo y hacer que el objetivo parezca más realista es dividir las tareas en proyectos más pequeños. En lugar de decir "trabajar en la tesis", sé más específico, di algo como "completar la primera mitad del capítulo dos" el domingo y "escribir la segunda mitad del capítulo dos" el lunes.

- Sé específico. Las cualidades comunes de todas tus listas de tareas deben ser: deben ser una tarea que sólo puede ser completada por el creador de la lista de tareas, son tareas físicas, pueden ser completadas en una sola sesión. Para tareas generales que requieren mucho tiempo o asistencia de otras personas, haz una lista de los pasos específicos que pueden ayudarte a alcanzar tu objetivo. En lugar de "rescatar a los animales", prueba con "crear una carta de presentación para la pasantía en World Wildlife Fund."

- Inclúyelo todo. Para todas las cosas que hay que hacer en la lista, sé tan expresivo como sea posible, escribe todo lo relacionado con ello para que no haya excusas si el trabajo no se completa. Por ejemplo, si la tarea tiene que ver con llamar a un amigo, escribe el número de esa persona en la lista para que no haya necesidad de que empieces a buscarlo más tarde.

- Cronométralo. Dado que has creado la lista y la has verificado dos veces, ahora establece un límite de tiempo al lado de cada tarea. Convertir la lista de tareas en una lista de citas podría ser útil. Por ejemplo, vaciar la bandeja de entrada de 7 a 8 p.m. en Dominos en la Quinta Avenida, tintorería de 8 a 9 p.m. en Clean Aces. Una vez que ha pasado el tiempo establecido, ha pasado; pasar siete horas recogiendo la tintorería es innecesario.

- Evita estresarte. La mayoría de las listas maestras tienen una o dos cosas que hemos tenido la intención de completar durante días, semanas o probablemente años, pero que no hemos podido hacer. Intenta encontrar las razones de esto para que puedas entender los pasos necesarios para la finalización real de las tareas. ¿Evitar llamar a la tía Jessie debido a las largas horas que se pueden pasar al teléfono? Sustituye "Llamar a la tía Jessie" por "encontrar una manera de finalizar la llamada a la tía Jessie". Esto reducirá la extensión variable de la tarea, haciéndola más fácil de llevar a cabo.

- Compártelo con las personas. Algunas veces, la mejor manera de mantenernos obligados a hacer algo es tener a alguien que nos supervise. Puedes hacer pública tu lista de tareas, colocándola en el refrigerador o creando un calendario digital que pueda ser visto por tu colega.

- Fija un horario para programar. Sentarse a crear una lista de tareas real puede ser uno de los aspectos más difíciles de hacer la lista. Selecciona un momento diario, tal vez por la mañana antes de que todos se levanten, o a la hora del almuerzo, o incluso antes de dormir, cuando te sea fácil organizar todo lo que necesita hacerse y averiguar qué aún está pendiente.

- Ve con lo viejo. Recordarte sobre la productividad del día anterior es una excelente manera de mejorar la productividad. Esto implica llevar una lista documentada de todas las cosas que has logrado el día anterior, incluyendo las tareas más triviales.

- Haz una nueva lista. Crea una lista nueva a diario, para que las tareas antiguas constantes no sobrecarguen la lista. Además, es una forma beneficiosa de asegurarnos de que realmente cumplamos con una tarea cada 24 horas y no perdamos tiempo embelleciendo la lista con marcadores de colores.

- Sé flexible. Consejo útil: Asegúrate de reservar 15 minutos de "tiempo de compensación" entre las tareas en el calendario o la lista de tareas en caso de una emergencia no planificada; por ejemplo, si tu computadora se apaga o si hay un cortocircuito. Y si no sucede ningún evento desafortunado, lo más importante es recordar esperar y respirar. Si ya has completado al menos un MIT, lograrás el resto.

Proporciona un detalle completo de tus proyectos y divídelos en secciones. Establece un pseudo-plazo y verifica si se pueden completar en la mitad del tiempo establecido. Luego, eventualmente, fija un tiempo para todo.

Capítulo 13: Abraza la Positividad.

Lo triste de la vida es que está llena de eventos negativos. Estos eventos a menudo se difunden por todo el mundo a través de las noticias, las plataformas sociales y similares. Por patético que sea, nadie puede controlar o prevenir que estas cosas sucedan. Así que permitir que estos eventos negativos nos afecten no tiene ninguna utilidad porque no podemos resolver los problemas. Sin embargo, la mentalidad de la mayoría de las personas se ha visto afectada negativamente por los desafortunados sucesos a su alrededor. Terminan pensando en exceso sobre todo, sin importar cuán insignificante pueda parecer.

No estás en control de lo que sucede a tu alrededor, pero sí tienes el control de cómo reaccionas ante ello o cómo te sientes al respecto. La mayoría de las personas permiten que su mentalidad se incline hacia el lado negativo debido a lo que ven o escuchan todos los días. Cuando surgen situaciones, tenemos dos opciones: mirar los aspectos negativos en torno a las situaciones o ver los aspectos positivos en ellas. Lamentablemente, la mayoría de las personas ceden a lo primero. Estamos en control de nuestros sentimientos, así que puedes alimentarlos con pensamientos positivos o negativos.

Haz una elección consciente de ser optimista sobre la vida. Abraza la positividad. Deshazte de cualquier cosa que te haga infeliz y amenace tu paz mental. Pensar demasiado trae dudas y, como resultado, conduce a mentalidades negativas. Por lo tanto, deja de pensar demasiado y ten confianza en que puedes superar cualquier tormenta que se presente en tu camino.

Conscientemente trata de proteger tu paz mental. No puedes hacer esto si no te amas lo suficiente, si piensas que no mereces la felicidad. Una cosa es segura, todos merecemos amor, todos tenemos el derecho a ser felices y, por todo lo que vale, tu felicidad es tu responsabilidad. Crea felicidad donde está ausente, siempre date una razón para ser feliz porque lo mereces.

Cuida continuamente tu mentalidad con pensamientos positivos. A pesar de los desafíos que puedas enfrentar - los diversos sentimientos que van desde el dolor hasta el miedo, la ira, el desánimo y otros - nunca dejes de pensar en positivo.

A continuación, se presentan algunos consejos para ayudarte a abrazar la positividad;

- Comienza con una buena nota. Despierta cada día sintiéndote agradecido. Agradece por todo, piensa en las cosas buenas que te sucedieron el día anterior, incluso puedes anotarlas. Haciendo esto, te das una buena razón para tener confianza, para tener esperanza y para ser feliz. Esta energía positiva al comienzo de un nuevo día es suficiente para mantenerte en marcha durante todo el día. Aparte de las reflexiones diarias, también puedes intentarlo de manera semanal o mensual, esto te ayudará a mantener una mentalidad positiva.

- Nota a las personas con las que pasas más tiempo. La negatividad es contagiosa, así que observa a las personas con las que pasas la mayor parte de tu tiempo. Si siempre ven lo peor en todo, entonces deberías reconsiderar pasar tiempo con ellos. No es porque los odies o los estés juzgando, simplemente estás protegiendo tu mente.

- Habla palabras positivas. Así como nuestras acciones son importantes, nuestras palabras también lo son. De hecho, las palabras que hablamos, con el tiempo, se convierten en nuestras acciones y se convierten en nuestra realidad. Cuida las cosas que dices; las palabras negativas darán origen a energía negativa y eventualmente resultarán en cosas negativas. Nuestra mente subconsciente nos escucha, presta atención a lo que decimos y hacemos. Después de un tiempo, comienza a responder a las palabras que ha escuchado, ya sean negativas o positivas. Por lo tanto, siempre haz afirmaciones positivas.

- Estimula tu memoria. Anteriormente mencionamos vivir en el presente y dejar ir el pasado, pero hay algunos recuerdos del pasado que no debemos olvidar, como los recuerdos de una infancia feliz, un recuerdo feliz de la playa y otros momentos felices. Estos recuerdos nos dan la fuerza para vivir en el presente. Por lo tanto, crea recuerdos felices siempre que se te presente la oportunidad.

- Comienza a cultivar la esperanza de maneras pequeñas. Crea esperanza incluso en las formas más pequeñas. Puede ser al ver una sonrisa en el rostro de un extraño, al planear para alcanzar una meta, o al reflexionar sobre las cosas buenas que te han sucedido.

- Cambia tu enfoque. Deja de intentar controlar todo. Relájate un poco, desvía tu enfoque de las cosas que no están funcionando y concéntrate en las cosas que sí lo están.

- Desactiva los pensamientos negativos. Cuando notes que estás comenzando a tener pensamientos negativos, no los alimentes, sino cámbialos. Cuando ocurre un evento negativo, puede ser un problema con los padres o hermanos o incluso un problema de peso; no pienses demasiado en ello. Previene conscientemente que tus pensamientos divaguen hacia eventos negativos; enfócate más en los positivos.

- Vuelve a lo básico. No es demasiado tarde para cambiar tu mentalidad; esta llegó como resultado del pensamiento. Así que, comienza a tener pensamientos positivos.

- Sé curioso. No asumas que lo sabes todo. Piensa en los posibles resultados de los eventos.

- Piense en un momento en el que logró algo y lo que hizo. Nunca olvide sus logros, la técnica que utilizó y cómo la aplicó. Puede que necesite usar el mismo procedimiento para lograr algo más grande.

- Mantén la comunicación corporal. No te concentres tanto en la mente que te olvides del cuerpo. Cuando nuestros cuerpos están saludables, nuestras mentes también estarán saludables. El estado de nuestros cuerpos afectará nuestras mentes, el cuerpo físico controla las actividades de la mente hasta cierto punto. Todos necesitamos un nivel de motivación cada día y sin el ejercicio adecuado del cuerpo, puede que no seamos capaces de obtener la energía positiva que necesitamos. Cuando estamos físicamente saludables, podremos tener una actitud positiva hacia la vida.

- Comienza un diario de evidencias con pruebas de que la vida está funcionando a tu favor. Registra todas las cosas buenas que la vida te ha ofrecido, en lugar de las cosas que no te ha ofrecido o las cosas negativas que te ofreció.

- Piensa en alguien cuya vida parece ir bien. ¿Tienes a alguien en quien desearías ser como? ¿O admiras la vida de alguna persona? Entonces conviértelos en tu modelo a seguir, investiga qué hacen y cómo lo hacen para tener éxito.

- Errar es humano. En un intento por abrazar la positividad, no seas demasiado duro contigo mismo. Mantener una mentalidad positiva puede ser difícil. Somos humanos y es probable que cometamos errores, tengamos dudas y sentimientos negativos, pero cuando aparezcan, contrólalos. No dejes que te consuman, recuerda que los sentimientos y los pensamientos no duran mucho, pasarán solo si no los alimentas.

Cambia tu mentalidad y pasa más tiempo con personas positivas que no sobrepiensan las cosas.

Capítulo 14: Usando Afirmaciones para Aprovechar el Pensamiento Positivo.

La mayoría de las personas que piensan negativamente son aquellas que a menudo piensan en exceso. Si te dejas llevar, pronto, todo lo relacionado contigo se vuelve negativo y pesimista; tu autoestima, tu perspectiva y tus emociones.

Lo curioso de la negatividad es cómo parece hacerse realidad casi siempre. Estos pensamientos negativos deprimen tu espíritu, tus relaciones con las personas que te rodean y tu personalidad. De alguna manera, te has convencido de que nunca serás adecuado y eso está comenzando a gobernar tu vida.

Sé intencional en cambio, acerca de ser todo lo que no es negativo; sé optimista y esperanzado. Piensa y habla buenas palabras para ti mismo y descubrirás que es muy potente y beneficioso.

En última instancia, haz esfuerzos por controlar tus hábitos de sobrepensar al pensar deliberadamente de manera más positiva sobre la vida.

¿Qué son las afirmaciones y funcionan?

Una afirmación es una aserción, un comentario optimista que realmente ayuda a inhibir la negatividad y el auto-daño. Cuanto más declares estas palabras, más realmente las creerás y, posteriormente, más positividad podrás exudar.

Reiterar constantemente estas palabras puede ayudar tanto a nuestro estado mental que reforma nuestras cadenas de pensamiento para que empecemos a pensar y comportarnos positivamente.

Por ejemplo, hay pruebas de que las afirmaciones ayudan positivamente en tu desempeño laboral. Cuando te sientes un poco nervioso anticipando una reunión importante, puedes tomarte un tiempo para concentrarte en todas tus grandes cualidades y esto ayudará a calmar tus nervios, mejorar tu autoestima, prevenir que te conviertas en un manojo de nervios y aumentar las posibilidades de que seas productivo.

La autoafirmación también puede mejorar los terribles efectos de la ansiedad y el estrés.

Incluso mejor, las afirmaciones han sido una terapia mental para las personas que sufren de depresión, baja autoestima y una plétora de otros trastornos mentales. También se ha comprobado que las afirmaciones excitan ciertos aspectos de nuestro cerebro que desencadenan la alta posibilidad de ser más conscientes y dirigidos hacia la positividad en relación con nuestra salud. Cuando tienes un alto aprecio por ti mismo, te preocupas más por mejorar tu salud en general. Por lo tanto, si piensas que comes demasiado, por ejemplo, y necesitas comenzar a hacer ejercicio, entonces las afirmaciones se pueden usar para ayudarte a recordar tu valor y, por ende, animarte a realizar algunos cambios en tu estilo de vida.

Cómo Usar Afirmaciones Positivas

Las afirmaciones no tienen restricciones, puedes usarlas siempre que desees hacer cambios positivos en tu vida. Puedes usarlas cuando quieras:

- Mejora tu autoestima antes de reuniones y presentaciones cruciales.

- Controla tus emociones, poniendo un freno a cualquier sentimiento pesimista como la ira, la decepción y la irritabilidad fácil.

- Renueva tu autoconfianza.

- Finaliza con éxito los proyectos que comenzaste.

- Mejora tu eficiencia

- Vence los malos hábitos.

Las afirmaciones funcionan mejor con metas establecidas y pensamientos más optimistas.

La visualización complementa las afirmaciones de manera perfecta. Así que, no solo visualices ese gran cambio, háblalo contigo mismo, anótalo hasta que lo creas. Afirma positivamente tu ser.

Las afirmaciones también son muy valiosas cuando estás determinando nuevos objetivos y metas. En el momento en que especificas exactamente lo que deseas alcanzar, la autoafirmación y los comentarios afirmativos pueden ayudar a impulsarte constantemente hacia el éxito.

Decir esas afirmaciones positivas a ti mismo una y otra vez es realmente la clave para la potencia. Pégalo en tu pared, o ponlo como una alarma, pero asegúrate de reiterar esas palabras a ti mismo tan a menudo como sea posible todos los días. Aún más importante es la necesidad de que reiteres esas palabras cuando te encuentres pensando en exceso nuevamente, o haciendo esos hábitos que has estado tratando de romper.

Cómo Escribir una Declaración de Afirmación

Tu afirmación debe estar dirigida a un aspecto o hábito específico que estás tratando de romper. Puedes personalizar tu afirmación según tus necesidades usando los consejos a continuación.

- Considera ese hábito del que estás tratando de liberarte. El comportamiento que deseas mejorar. Puede ser tu mal genio o tu fácil irritabilidad o tus deficientes habilidades de comunicación o tu productividad casi nula en el trabajo.

- A continuación, anota aquellos aspectos de tu vida a los que te gustaría hacer alteraciones y asegúrate de que se alineen con tus valores clave y cualquier otra cosa que sea vital para ti. Si no alineas estos cambios con tus valores, es posible que no te sientas verdaderamente inspirado para alcanzar esos objetivos.

- No intentes hacer afirmaciones imposibles e poco fiables, sé realista y práctico al respecto. Por ejemplo, si no estás satisfecho con el salario que recibes cada mes, puedes comenzar a reiterar afirmaciones a ti mismo para aumentar tu confianza lo suficiente como para solicitar un aumento.

- No obstante, es mejor no convencerte de que definitivamente recibirás un aumento que duplique tu salario anterior, ya que en general está fuera de cuestión que los empleadores dupliquen tu salario así nomás. ¡Sé pragmático y razonable! No es que las afirmaciones sean encantamientos. Lo que necesitas es creencia, si no, esas palabras pueden tener poca o ninguna potencia en tu vida.

- Cambia la negatividad y abraza la positividad. Si te gusta el auto-desaliento y el daño personal en general, aprende a observar los pensamientos o ideas particulares que asedian tu mente. Luego crea una afirmación que contradiga completamente esa línea de pensamiento.

- Imaginemos que frecuentemente te dices a ti mismo que no eres lo suficientemente hábil ni talentoso para avanzar en tu carrera, puedes cambiar esto por completo escribiendo una afirmación como: "Soy lo suficientemente bueno, y soy un experto dotado en lo que hago."

- Sé particular al escribir en tiempo presente como una muestra de creencia de que lo que dices ya está ocurriendo. Es la única manera de que realmente lo creas y lo veas suceder de verdad. Por ejemplo, un buen ejemplo de una afirmación efectiva es: "Estoy listo para esta presentación, tengo un buen dominio de este tema porque me he preparado bien para ello y va a ser una presentación maravillosa." Dite esto a ti mismo cuando empieces a sentir los nervios y la ansiedad por hablar en público.

- Dilo como si lo sintieras. Incorporar emociones en tu afirmación puede realmente ayudarte a hacer que las palabras sean más productivas. Si realmente lo deseas, actúa como si lo hicieras al decirlo con voluntad. Dilo de una manera que tenga sentido para ti y que signifique algo para ti. Por ejemplo, si tienes problemas para calmar tus nervios respecto a un nuevo proyecto que te han asignado, entonces intenta decirte algo como: "Estoy ansioso por este nuevo desafío. No puedo esperar para afrontarlo".

Ejemplos de Afirmaciones

Por supuesto, tu afirmación es exclusiva para ti, así que déjala especificar exactamente lo que pretendes alcanzar y todas las alteraciones que estás buscando hacer. Sin embargo, a continuación hay algunos ejemplos que pueden ayudarte a comenzar:

- Mis innovaciones para este nuevo desafío son innumerables.

- Mi jefe y todos mis colegas apreciarán mi trabajo cuando termine.

- ¡Tengo la capacidad para lograrlo!

- Mi opinión es invaluable para mi equipo.

- Soy triunfante y victorioso.
- La sinceridad es mi lema.
- Soy consciente del tiempo en cada tarea.
- Aprecio este trabajo y no lo doy por sentado.
- Me encanta lograr un buen trabajo con mi equipo.
- Soy excepcional en todo lo que intento.
- Soy magnánimo.
- Estoy realizado.
- Marcaré el ritmo en esta empresa.

Las afirmaciones son aserciones de positividad que ayudan a derrotar la autodestrucción y la negatividad en general.

Capítulo 15: Conviértete en Orientado a la Acción.

No puedes simplemente decidir dejar de pensar en exceso, sino que debes tomar medidas de manera deliberada para ver que estás libre del hábito. No pienses demasiado en hacer la elección correcta, a menudo aprendemos de nuestros errores. De hecho, las mejores lecciones son las que se aprenden de un error.

Siempre estate listo para actuar sin importar cuán inciertas puedan parecer las cosas. Pensar en exceso trae dudas y estas dudas nos restringen de actuar donde deberíamos. Nunca se puede estar demasiado seguro en la vida. Nuestras vidas serán mucho mejores si podemos hacer la mayoría de las cosas que hemos tenido en mente hacer.

Sin embargo, cuando hablo de tomar acción, me refiero a acción dirigida. Antes de tomar cualquier acción, primero debes considerarla en función de la situación presente, la acción debe tomarse sabiamente y no basada en emociones.

Consejos para Actuar en la Superación del Sobreanálisis

1. Reconoce el resultado de la indecisión. La forma más efectiva de deshacerse del exceso de pensamiento es identificar las consecuencias de la indecisión. En cada situación, compara la consecuencia de tomar una decisión con la consecuencia de no tomar una. Si el resultado de esta última es más favorable, entonces debes simplemente seguir adelante.

2. Lanza una moneda. Cuando parece que no puedes dejar de pensar en un asunto, puede ser tu instinto tratando de advertirte que la situación está fuera de tu control o que no es necesario sobrepensar sobre el asunto. Todo lo que necesitas hacer en casos como este es abrir el siguiente capítulo y seguir adelante.

3. Escribe 750 palabras. Escribir es una forma que puedes emplear para despejar tu mente. Te ayuda a ver claramente cuáles son los problemas y a idear maneras de resolverlos.

4. Decide dos veces. Siempre prueba la fortaleza de tus decisiones intentando resolver ese problema dos veces antes de actuar. Después de tomar una decisión sobre un tema, escríbela y después de 24 horas, reflexiona sobre ese mismo tema, pero esta vez en un lugar diferente. Luego responde las mismas preguntas que te hiciste y toma una nueva decisión. Ahora, observa si corresponde a la primera decisión.

5. Confía en tu primer instinto. Como se mencionó anteriormente, pensar en exceso trae duda. Nos restringe de tomar decisiones rápidamente, nos hace perder fe o confianza en nosotros mismos. Por lo tanto, siempre aprende a confiar en tu primer instinto.

6. Limita las decisiones que tomas. No tienes que decidir sobre todo.

Aprende a seguir estándares. Esto limitará la cantidad de decisiones que tendrás que tomar en un día y aumentará tu capacidad para tomar mejores decisiones en asuntos más serios.

7. Siempre puedes cambiar de opinión. ¿Qué nos dio la impresión de que las decisiones deben ser muy rígidas, dominantes y severas? Las decisiones pueden cambiarse, uno puede tener un cambio de corazón en cualquier momento, esto es lo que necesitas saber. Puedes decidir ahora comprar una nueva propiedad y decidir más tarde no hacerlo, es toda tu elección y no le debes ninguna explicación a nadie. Tus amigos solo están ahí para influir en tu decisión y no para tomarla por ti. Solo pueden intentar disuadirte de algo, pero al final del día, es tu decisión. Los buenos amigos siempre aceptarán tus decisiones y te apoyarán en todo momento. Sin embargo, al tomar decisiones, elige actividades emocionantes, cosas que te hagan feliz. Recuerda que tu felicidad es tu responsabilidad.

Hay algo conocido como parálisis por análisis. Esta es una condición causada por el exceso de pensamiento. Es una situación en la que no se toma ninguna decisión sobre un asunto porque ha sido demasiado analizado.

No pienses demasiado en los problemas, solo los prolongará; más bien, sé un hombre de acción.

Capítulo 16: Superando tu miedo.

Dejar que los sentimientos nos superen y nos conmuevan para sobrepensar es la naturaleza humana. ¿Quién se meterá directamente en una situación que probablemente sea dolorosa? Simplemente al evadir consistentemente al "fantasma" dentro de nosotros, serás un cautivo del monstruo.

Un sentimiento muy fuerte es el miedo. Tiene un impacto poderoso en la mente y en tu apariencia física. Puede establecer reacciones poderosas cuando estamos en situaciones alarmantes, por ejemplo, cuando hay un incendio o somos asaltados.

Por lo general, esto incluye un intento de combatir cualquier posible estresor que pueda llevar a la angustia y participación en interrupciones sin límites. Pero, estás combatiendo situaciones posibles que te traerán desarrollo y felicidad. Además, tienes la oportunidad de luchar contra el miedo para siempre. El miedo atacará sin importar cuán duro intentes prevenirlo. Y probablemente atacará en un momento en que más necesites compostura emocional.

Además, puede atacar cuando te enfrentas a situaciones no amenazantes para la vida, como citas, exámenes, un nuevo empleo, una fiesta o al enfrentar una multitud. El miedo es la respuesta habitual a una advertencia que se puede sentir o que es evidente.

Estas son algunas recomendaciones para combatir el exceso de pensamiento si lo estás experimentando:

- Permítete sentarte con tu miedo durante 2-3 minutos a la vez. Inhala y exhala con el miedo y di: "Está bien, se ve muy mal, pero los sentimientos son similares al mar: las mareas suben y bajan." Asegúrate de tener planeada una actividad que te eleve para después de la sesión de meditación: contacta a ese confidente que quiere saber cómo te fue; sumérgete en una actividad que encuentres placentera e intrigante.

- Escribe las cosas por las que estás agradecido. Revisa lo que has redactado cuando te sientas de mal humor. Haz la lista más larga.

- Recuerda que tu ansiedad es un almacén de sabiduría. Escribe una nota: "Querida ansiedad, ya no te tengo miedo, ¿qué puedo aprender de ti?"

- Utiliza el humor para desinflar tus peores miedos. Por ejemplo, ¿cuáles son las peores escenas graciosas que pueden ocurrir si aceptas una invitación para hablar ante una audiencia de 500? Me mojo los pantalones en el escenario. Puedo ser detenido por dar el discurso más horrible en la historia de la humanidad, mi último novio(a) será parte de la congregación y se reirá de mí.

- Aprecia tu valentía. Siempre que hagas algo que te dé miedo, a pesar del miedo, te has vuelto mucho más poderoso y el próximo ataque de miedo probablemente no te hará rendirte.

- Recompénsate. Por ejemplo, cuando llames a esa persona con la que realmente no quieres hablar, refuerza tu logro dándote algo placentero como un tratamiento de spa, cenar fuera, comprarte un libro, dar un paseo, regalarte algo que te dé alegría.

- Cambia tu perspectiva sobre el miedo. Si sientes miedo como resultado de un fracaso pasado, o simplemente tienes miedo de hacer algo más, o piensas que el hecho de haber fallado antes significa que fallarás en otras cosas, no olvides que el hecho de que hayas fallado antes no garantiza que fallarás cada vez. Ten en cuenta que cada momento es un nuevo comienzo, una oportunidad para empezar de nuevo.

No te dejes llevar por miedos inciertos.

Capítulo 17: Confía en ti mismo.

La incertidumbre acerca de uno mismo suele resultar en ansiedad y en un exceso de reflexión sobre el mañana. Te das cuenta de que te falta la autoconfianza para manejar realmente situaciones específicas y ser decisivo. El exceso de reflexión surge porque te sientes deficiente y tienes dudas sobre tus propias decisiones. En realidad, el problema con el exceso de reflexión es cuántos mandatos tienen tus pensamientos sobre ti. Poco a poco, comienzas a ser escéptico acerca de tu capacidad para tomar decisiones sabias y, en última instancia, pierdes confianza en tus habilidades de toma de decisiones.

Varias personas habitan en la indecisión porque son reacias a hacerse cargo de sus vidas, aceptar y soportar las consecuencias de sus acciones. Te lanzas a culpar a cualquier otra persona por la decisión final que tomaron en tu nombre si los eventos toman un giro equivocado. Sin embargo, la verdad es que cualquier decisión que se haya tomado sobre tu vida todavía regresa a ti, especialmente si actuaste en consecuencia. Porque, como adulto, hay cosas en tu vida que simplemente no puedes ignorar como una táctica manipuladora de alguien sobre ti. Te digo, no se sostendrá en un tribunal. ¡Eres responsable de tu propia vida! En consecuencia, es sabio aprender a rendir cuentas de cada decisión, paso y acción que tomas.

En realidad, nadie puede hacerte hacer nada. No importa cuán dominante y controlador sean, tú eliges si quieres seguir esa línea o no. Tus acciones o inacciones son tu responsabilidad, sin importar de quién fue la idea.

En lugar de distribuir tus problemas para que sean decididos por otras personas, puedes tomar el control de tu vida al tomar tus propias decisiones por ti mismo. Pronto comienzas a sentir una satisfacción y confianza en tus juicios y sus posibles resultados. Necesitas acostumbrarte a creer en tu capacidad para manejar situaciones específicas. Nadie puede creer en ti como tú lo harás.

Si no quieres ser rehén de tu sobrepensamiento, entonces debes levantarte y hacer las cosas en tu vida. Solo te estarás engañando a ti mismo y perderás la oportunidad de un potencial crecimiento y desarrollo personal.

Afortunadamente para ti, todo lo que necesitas para manejar con éxito cada problema que enfrentas en tu vida es confianza en tus habilidades.

Confía en que tienes la capacidad de enfrentar cualquier cosa que la vida te presente con el enfoque apropiado. En el momento en que empieces a creer en tus habilidades, comenzarás a pensar menos en exceso y te resultarás ser más decisivo.

Te daré la primicia sobre qué hacer para aprender a creer en tus habilidades:

- Intenta no pensar demasiado en el resultado final de tu juicio. El mundo, en general, es variable y los humanos son difíciles de predecir; por lo tanto, sería absurdo pensar que puedes estimar fácilmente las consecuencias inminentes. Como resultado, podemos decir que tomar decisiones es casi siempre un tiro en la oscuridad. Sin embargo, confiar en ti mismo y en tu capacidad para tomar buenas decisiones sigue siendo muy beneficioso, sabe que no puedes controlar el resultado final de tus decisiones. En pocas palabras, pensar en exceso no tiene sentido.

- Intenta no hacer las cosas por impulso. Las personas tienden a ser inmediatas e impulsivas porque consideran que pensar en el probable resultado final es una tarea ardua. Por lo tanto, les resulta difícil pasar por el proceso de deliberación. Tomar una decisión impulsiva no es una idea terrible, de hecho, sobre la indecisión, es una idea asombrosa. No obstante, con la experiencia pasada de malos juicios, tomarse un poco de tiempo para pensar en tu decisión es sabio.

- Enfrenta tus miedos. Las personas que no tienen confianza en sí mismas suelen ser las que buscan rutas que aparentan ser sin complicaciones. Como resultado de esta falta de fe, temen fracasar y, en consecuencia, toman malas decisiones. Ante la toma de decisiones, trata de elegir la opción que más miedo te dé porque ese es tu camino más probable hacia el crecimiento.

- Crea un equilibrio entre prestar atención a tu sentido de razonamiento y confiar en tu intuición. Tu mejor oportunidad de que la mayoría de tus decisiones sean acertadas es aprender a lograr un equilibrio entre la razón y los sentimientos intuitivos. Prestar atención únicamente al sentido y la razón podría persuadirte a optar por la opción más prudente en lugar de seguir tu intuición. Incluso podrías decirte a ti mismo que necesitas esperar más información en ese ámbito antes de tomar cualquier decisión, ¡y esto puede resultar en no tomar ninguna decisión en absoluto! Por el contrario, seguir tu intuición puede llevarte a tomar decisiones imprudentes. Por lo tanto, prestar atención a tu ser completo es crucial para tomar la decisión correcta, especialmente en lo que respecta a decisiones importantes. Como dicen, "no olvides llevar tu cerebro contigo mientras escuchas a tu corazón."

- Enfócate más en tus buenas decisiones pasadas y los escenarios que las rodearon. Pregúntate cómo te sentiste al tomar esa decisión durante y después de hacerla y qué hiciste para llegar a ese veredicto. Considera qué la hizo una buena elección en comparación con la otra opción que había. Reflexionar sobre tus buenas decisiones pasadas te ayudará a construir confianza en tus habilidades para tomar decisiones, sabiendo ahora que realmente tienes estas capacidades. Posteriormente, podrás descubrir fácilmente el plan de acción más adecuado para tu toma de decisiones. Personalmente, he descubierto que una señal de que estoy tomando una buena decisión es cuando no me siento dudoso al tomarla. Cuando confío en mi decisión es cuando me siento más organizado y sereno.

- Haz la elección que te ofrezca el mayor número de alternativas. A todos les gustarán las opciones con muchas elecciones disponibles. Sin embargo, hay elecciones que te restringen a un conjunto de opciones no diverso, que solo te causará estrés más adelante. Realmente no tienes que pasar por el estrés, así que asegúrate de optar por la opción que eventualmente será la elección más lucrativa, por muy difícil que sea elegir. Deja que tu anticipación de las consecuencias de tus habilidades supere ese miedo al fracaso.

- Detente por un momento al enfrentarte a una decisión difícil y pregúntate: "¿qué pasaría si ocurriera un milagro inesperado y toda mi vida cambiara de manera positiva?" Esto puede aliviar la carga de los "qué pasaría si" y ayudarte a ver la posibilidad de buenos resultados, orientándote así hacia la mejor elección.

La racionalidad nos persuade a tomarnos nuestro tiempo y obtener más información antes de considerar que estamos listos para tomar una decisión. Esto suele ser el resultado de nuestra tendencia a sobrepensar las cosas y temer tomar las decisiones equivocadas. Puede dejarnos en un aprieto y con una falta de disposición para tomar cualquier acción. Debes saber que la indecisión en sí misma ya es una decisión tomada, así que es esencial simplemente lanzarse con un poco de razonamiento y un poco de agallas para equilibrarlo. En el momento en que te vuelvas más atento a esa voz interior que aparece de vez en cuando para decirte lo que realmente deseas, el sentido y la racionalidad pueden actuar de tal manera que te beneficie a largo plazo.

No tengas miedo de cometer errores y fallos porque la verdad es que muchas veces, el miedo produce los mejores resultados, especialmente cuando eliges la opción que más te asusta. Hay una alta probabilidad de tomar la decisión correcta que buscas cuando es realmente difícil. Aunque la vida es impredecible, al menos debes tener la dignidad suficiente para ser el tomador de decisiones en tu propia vida.

Conéctate con tus neuronas naturales, confía en tus instintos, sigue tu intuición.

Capítulo 18: Deja de esperar el momento perfecto.

Estás condenado a seguir dando vueltas en un ciclo sombrío de negatividad si te dejas llevar por el pensamiento excesivo. Es deprimente e inútil seguir aferrándote a los mismos pensamientos. Ni siquiera mejora, ya que el sobrepensar puede influenciarte negativamente a nivel emocional y mental. Lamentablemente, varias personas están atrapadas en un idealismo tal que han perdido por completo el contacto con la realidad.

El exceso de pensamiento te da una apariencia de necesidad de perfección, pero en realidad, solo te hace dudar en asuntos importantes.

Por ejemplo, en lugar de simplemente comenzar tu negocio, pensar en exceso te pondrá en pausa mientras inventas eventos irreales en tu cabeza con preguntas como ¿qué pasa si no tengo suficientes fondos para empezar? ¿Qué pasa si se acaba el tiempo antes de que pueda comenzar adecuadamente? ¿Qué pasa si nadie quiere apoyarme? Antes de que te des cuenta, comienzas a cuestionar tu preparación.

Al final del día, puedes encontrar que nunca comenzaste el negocio.

Sin embargo, ¿qué tan seguros estamos de que el futuro será más brillante? ¿Dónde está la prueba? ¿Podemos realmente depender de nuestra esperanza en el futuro?

En este momento, esta experiencia presente es lo que es cierto, ¡nada más! La única certeza es el presente. Afrontémoslo, la probabilidad de obtener satisfacción de un momento futuro impredecible es bastante baja, especialmente si hasta ahora no has tenido un momento que realmente saciara tus deseos inquebrantables a pesar de tu gran anticipación. Así queda la prueba de un futuro más brillante.

Nos ocupamos demasiado del pasado y del futuro desconocido que aún esperamos. Cuando nuestra esperanza en el futuro de riqueza y prosperidad nos falla, entonces nos volvemos al pasado con sentimientos sobre cómo eran las cosas antes.

En nuestras mentes, es un lugar eufórico, en algún lugar con valor, un futuro más brillante, en cualquier lugar menos donde estamos en ese momento y, de alguna manera, creemos en este lugar que nos hemos dicho a nosotros mismos que nos brindará satisfacción y dirección.

Sin embargo, esta utopía es solo un producto de nuestra imaginación.

En realidad, las decepciones y los contratiempos son lo que realmente sucede. Con el tiempo, a medida que la vida nos demuestra que no puede entregarnos nuestra dulce ilusión de una utopía que, con toda honestidad, está siendo impulsada por todo tipo de medios, nos volvemos inquietos.

Cada día, nos sentimos más y más insatisfechos con la vida a medida que ganamos y adquirimos más, sin embargo, nuestros verdaderos deseos no se satisfacen. Pronto, comenzamos a sentirnos más melancólicos y desanimados, inquietos y aprensivos, como si hubiera una tensión sobre nosotros y, posteriormente, comenzamos a actuar de manera irracional porque sentimos que el universo nos ha decepcionado. Esto no ayuda a nuestras amistades y relaciones con las personas que nos rodean. La mayoría de las veces, un hombre deprimido pierde conexión con todo lo que es real.

Es una tortura mental seguir manteniendo tu vida como rehén en anticipación de un momento surrealista en el que quieres estar en cualquier lugar menos donde estás en este momento o ser alguien diferente a quien eres actualmente. Parecemos estar atrapados en fantasías que hemos creado, todas las cuales dependen de esa esperanza singular de que hay algo que podemos y debemos hacer para sentir contento en la vida.

¿Qué tal si hacemos una pausa de todo y consideramos que podemos encontrar la felicidad total y completa en el presente?

Puedo garantizar una cosa; si estás dispuesto a dejar de lado la rapacidad, entonces comenzarás a darte cuenta de que el aquí y el ahora es justo donde necesitas estar para finalmente sentirte satisfecho.

La verdad es que, a pesar de las pruebas que enfrentas en la vida cada día, cada momento es precioso y es como debería ser. Necesitas comenzar a ver la vida como es.

La vida es una efimeridad integral y cada segundo, cada instante, no es más que un pedazo de ella. El tiempo, de verdad, no espera a nadie y a la naturaleza no le importa. Todo lo que tenemos son cadenas de segundos espléndidos y experiencias que conforman nuestra entidad. Debes darte cuenta de que solo puedes vivir una vez, así que estos instantes compartidos no pueden ser nada más que meros momentos, así que vive en ellos, sé consciente de ellos.

Para aquellos que todavía no están lo suficientemente inspirados para dejar de lado la innecesaria melancolía sobre lo que o lo que no realmente depara el futuro, ¿debo recordarles que llegará un día en que simplemente no tendrán la capacidad de preocuparse? Acepten o no, la dura verdad es que la muerte probablemente los arrebatará antes de que esa ilusión que han creado tan perfectamente se materialice.

Nunca puedes recuperar esos segundos que lamentaste o evitaste. ¡Ese tiempo se ha ido para siempre! Aprecia cada instante, aprovecha el día, muéstrate amor, muestra amor a las personas que te rodean y ama la tierra, después de todo, es tu planeta.

Haz un esfuerzo por encontrar satisfacción y felicidad en cada momento, especialmente en el aquí y ahora, no los ignores. Tu forma de reaccionar a este momento presente influirá en gran medida en el siguiente momento y en los momentos posteriores. Esto tiene un efecto en cuántas oportunidades tienes en la vida y en cuánta riqueza acumulas al final.

Por lo tanto, vive el momento, ya sea que estés disfrutando o no disfrutando cada segundo, vive en cada momento en lugar de desear que algo espectacular te suceda.

Si sigues esperando a que algo específico suceda para ser feliz, es posible que nunca puedas llenar el vacío de insatisfacción que has cavado en tu propio corazón. Si nada nuevo ha podido satisfacerte por mucho tiempo, entonces sabes que hablo la verdad. Después de un tiempo, ese nuevo producto ya no te satisface, ni ese logro o nueva cita. Aún te sientes vacío e insatisfecho. Pronto te encuentras en un bucle al establecer otro nuevo objetivo y terminas sintiéndote exactamente igual.

Necesitas empezar a decirte a ti mismo que la satisfacción y la alegría no están esperando por ti en un futuro lejano ni te han pasado por alto. Están justo al alcance de tu mano en el aquí y el ahora, en cada momento que pasa. Es hora de vivir en el momento y apreciar la belleza en cada segundo, es hora de empezar a vivir plenamente. ¡Esto es! Ya está ocurriendo, ¡toma lo que es tuyo!

No hay momento más perfecto que este, aquí y ahora. No existe un momento absoluto. Este está yendo justo como debería. Vívelo ahora.

Capítulo 19: Deja de preparar tu día para el estrés y la sobrepensación.

Escapar por completo de días abrumadores y excesivamente estresantes no es posible, pero puedes reducir la cantidad de estos días al mes o anualmente, comenzando bien tu día y no preparándote para un estrés irrelevante, agonía y pensamientos excesivos.

Tres puntos que ayudarán con esto son:

Empieza bien. La manera en que comienzas tu día, la mayoría de las veces, establece el ritmo con el que transcurrirá tu día. Un día difícil será el resultado de una mañana estresante. Recibir malas noticias en tu camino al trabajo te hará tener pensamientos negativos todo el día.

Mientras tanto, si lees un artículo edificante durante el desayuno, hacer un poco de ejercicio y luego comenzar tu día con tu tarea más crucial crea un gran ambiente para tu día y asegura que estés optimista todo el día.

Realiza una sola tarea y toma descansos regulares. Esto ayuda a mantener un enfoque agudo todo el día y a realizar las tareas más cruciales. Y al mismo tiempo, crea un espacio para la relajación y la rejuvenecimiento, para que no te quedes sin energía.

Este tipo de actitud relajada con un enfoque agudo te hará pensar con claridad y precisión, evitará el espacio mental de pensamientos cansados y excesivos.

Minimiza tu entrada diaria. El exceso de noticias, revisar continuamente tu bandeja de entrada y cuentas de redes sociales, o el progreso de tu blog o sitio web causa una entrada excesiva y congestiona tu cabeza a medida que avanza el día.

Por lo tanto, es más difícil contemplar fácilmente y con claridad; no será difícil reincidir en el conocido comportamiento de sobrepensar.

Gestiona tus picos. En cuanto aprendas a localizar tareas importantes, podrás planificar cómo obtener el máximo logro. Esta es la parte donde reunimos nuestra fuerza innata.

Somos muy conscientes de que una vez que el trabajo avanza de manera constante, las distracciones se disipan, nuestra concentración está en su punto máximo y nuestro trabajo nos deja asombrados; esto es perfecto. Ciertamente no podemos descuidar las tareas vitales (a veces repetitivas) que sirven de mantenimiento para nuestras empresas, pero podemos darnos cuenta cuando estamos funcionando en tiempo usado en comparación con tiempo no utilizado.

Si estamos sumidos en la batalla de tareas cruciales durante nuestras horas máximas, querríamos trabajar durante más tiempo y sentirnos menos cansados a medida que pasa el tiempo. Reducir nuestro tiempo no utilizado también puede maximizar nuestra fuerza y motivación y ayudar a nuestra concentración en un buen pensamiento crucial en lugar de un mal pensamiento innecesario. Una vez que hayas identificado tus períodos pico, estás listo para aprovechar estas horas valiosas.

Empieza bien. Enfócate en una sola tarea y toma descansos regulares. Minimina tu carga diaria.

Capítulo 20: Aceptar Todo lo que Sucede.

Esto se obtiene de una de las lecciones de la filosofía estoica. El enfoque de esto es que debemos aceptar lo que ocurra, lo cual puede ser tanto malo como bueno, y creer que sucede para un bien mayor, incluso si en este momento no parece así.

La mayoría de las veces, el exceso de pensamiento ocurre como resultado de pensar en cosas que ocurrieron en el pasado. Comenzamos a imaginar cómo habrían sido las circunstancias si las cosas no hubieran ocurrido de la manera en que lo hicieron. La depresión a menudo ocurre a medida que seguimos reproduciendo y sobreanalizando las situaciones en nuestras mentes.

Los problemas del hombre son el resultado de sus pensamientos que él mismo crea. El significado de una cosa se obtiene del significado que le das. Tu cerebro otorga significado a los eventos de la vida para poder comprender lo que está sucediendo.

El significado que asignas a tus experiencias cambiará continuamente tus sentimientos; además, la calidad de tu vida se obtiene de las emociones que sientes.

El significado que asignas a una situación puede ser incorrecto si se ve a través de una lente distorsionada. Como ejemplo, la falta de confianza será la base que asignes a todas las futuras relaciones si fuiste engañado en una relación pasada. Esta es solo una parte de la imagen y no puede categorizarse como incorrecta o correcta.

Tu felicidad depende de que mires hacia atrás en los eventos que han ocurrido y aceptes lo que es y dejes ir lo que no puedes controlar.

La forma en que pensamos es lo que nos impide alcanzar la felicidad, no las casas de lujo, una cuenta bancaria llena de dinero o coches elegantes. Aunque estas cosas son buenas para tener, tienden a desgastarse con el tiempo y se vuelven insignificantes si no puedes sentir satisfacción y paz en el interior.

La sobrepensación no te ayuda a mejorar, ni te permite experimentar la belleza de la vida. De hecho, es seguro que comenzarás a llevar emociones tóxicas contigo.

Como enseñan los principios estoicos, preocuparse no tiene efecto sobre los eventos que ya han ocurrido, ya que no se pueden cambiar.

Acepta y cree que lo que ocurrió fue para tu mayor bien en lugar de culparte a ti mismo por lo que había sucedido.

Formas de Dejar Ir las Heridas del Pasado

Crear espacio para la felicidad y la nueva alegría en tu vida es la única manera en que puedes aceptarlas. No hay forma de que puedas permitir que algo nuevo entre en tu corazón si ya está lleno de dolor y sufrimiento.

1. Toma la decisión de dejarlo ir. Las cosas no desaparecen por sí solas. Necesitas estar comprometido a dejarlas ir. La auto-sabotaje puede surgir, impidiéndote avanzar si no decides conscientemente dejar ir el dolor del pasado.

Necesitas ser capaz de entender que es tu elección dejarlo ir cuando decides hacerlo conscientemente. Deja de pensar en el dolor del pasado. Deja de revivir los recuerdos, concerniendo los eventos en tu cabeza, cada vez que recuerdas a la otra persona (después de que hayas completado el segundo paso a continuación). Esto empodera a la mayoría de las personas al darse cuenta de que tienen la capacidad de continuar sintiendo el dolor o vivir una vida libre de dolor.

2. Expresa tu dolor y responsabilidad. Da voz al dolor que sentiste por el daño, ya sea directamente a la otra persona involucrada, o a través de eliminarlo de tu sistema (escribiendo en un diario, desahogándote con un amigo, o incluso escribiéndolo en una carta que nunca entregarás a la otra persona involucrada). Asegúrate de sacarlo de tu sistema. Esto te ayudará a saber exactamente qué te hizo sentir herido.

Vivimos en un mundo de grises, aunque a veces parece que vivimos en un mundo de blanco y negro. Sin embargo, la cantidad de responsabilidad por el dolor que sentiste puede no ser la misma, podrías ser parcialmente responsable de ello. ¿Qué otra opción o paso podrías haber tomado? ¿Participabas activamente en tu propia vida o eras simplemente una víctima? ¿Permitirás que tu dolor defina quién eres? ¿O te convertirás en alguien más complejo y con más profundidad que eso?

3. Deja de hacerte la víctima. Aunque se siente bien ser una víctima, similar a pertenecer a un equipo ganador contra todas las demás personas. Pero, ¿sabes qué? Al mundo simplemente no le importa, así que necesitas pensarlo de nuevo. Es cierto, eres único. Es cierto, tus sentimientos cuentan. Pero no confundas "tus sentimientos cuentan" con "tus sentimientos por encima de todas las cosas y nada más importa." Esta cosa llamada vida es un montón de cosas como compleja, desordenada e entrelazada y tus emociones son simplemente una parte de ello.

En todos los pasos de tu vida, tienes la opción de continuar permitiendo que las acciones de otra persona te hagan sentir bien o mal. ¿Por qué permitirás que alguien que te ha herido en el pasado siga teniendo el poder de herirte en el presente?

Los problemas en una relación no se pueden solucionar continuando con la rumiación o el sobreanálisis. Nunca. No en toda la historia de este mundo. Entonces, ¿por qué eliges pensar y gastar mucha energía en la persona que sientes que te hirió?

4. Concéntrate en el presente — el aquí y ahora — y la alegría. Ahora es el momento de soltarte. Deja de pensar en tu pasado y déjalo ir. Deja de retratar una imagen donde eres el protagonista y siempre la víctima de las acciones hirientes de la otra persona. No puedes cambiar lo que ha sucedido en el pasado, solo puedes asegurarte de que hoy sea el mejor día de tu vida.

Cuando te enfocas en el presente, no tienes tiempo para pensar en el pasado. Siempre que recuerdes eventos pasados (como sucederá de vez en cuando), permítelo solo por un breve período de tiempo. Luego, llévate de vuelta al presente suavemente. La mayoría de las personas pueden hacer esto con la ayuda de una señal consciente, como decirse a sí mismas: "está bien. Eso ocurrió en el pasado y ahora me estoy concentrando en mi felicidad."

No olvides que no habrá espacio para cosas positivas si continuamos llenando nuestras vidas y cerebros con sentimientos heridos. Tendrás que elegir entre seguir sintiendo el dolor o permitir que la alegría entre en tu vida.

5. Perdónalos y perdónate a ti mismo. Esencialmente, todos tienen derecho a nuestro perdón, aunque puede que no seamos capaces de olvidar sus malas conductas. La mayoría de las veces, no podemos superar nuestra terquedad y dolor y no podemos imaginar otorgar el perdón. Perdonar no significa "concurro con lo que has hecho"; en cambio, significa "te perdono a pesar de no estar de acuerdo con tus acciones."

El perdón no significa ser débil. De hecho, retrata "soy una buena persona, tú también eres una buena persona, tus acciones me han causado dolor, pero deseo continuar con mi vida y permitir que la alegría entre en ella y no puedo hacer eso hasta que suelte esto."

El perdón es un método para soltar algo de una manera tangible. También es una forma de sentir empatía por la otra persona e intentar ponerte en los zapatos de la otra persona.

¿Cómo vivirás contigo mismo en la felicidad y la paz futuras, si no puedes perdonarte a ti mismo?

La clave para disfrutar de la felicidad y detener el sobrepensar es la aceptación.

Capítulo 21: Da lo Mejor de Ti y Olvida el Resto.

Es bastante típico que te sientas inadecuado para poder manejar ciertos casos cuando surge la necesidad. Es humano preocuparse por tu capacidad para realmente abordar el problema de manera apropiada. Puedes decir que no tienes suficiente dinero, o recursos, o suficiente determinación, no suficiente compromiso, no suficiente fuerza, o inteligencia para ello.

A veces, parece que todo está sucediendo al mismo tiempo y no puedes seguir el ritmo, y caes en otro ataque de sobrepensamiento que irónicamente solo empeorará la situación en lugar de ayudarte a manejarla, a pesar del hecho de que incluso puedes estar preparado para ello. El sobrepensar nos agota debido a todas las expectativas que nos imponemos y la necesidad continua de perfección.

¿Alguna vez has considerado que simplemente dar lo mejor de ti es suficiente y que no tienes que preocuparte por las cosas que están fuera de tu control? Está bien ser diferente, ser peculiar. No tiene que parecerse a la vida de otra persona. Tienes derecho a tener una historia completamente diferente que contar.

Preocúpate más por dar lo mejor de ti en lugar de angustiarte por lo que pueda ser el resultado. Ante algunas situaciones, las cosas que están fuera de tu control pueden ser, muy bien, los factores determinantes del resultado final. Por esta razón, preocuparte no te servirá de nada, así que simplemente da lo mejor que tengas para ofrecer y deja que todo repose.

Te garantizo que no tienes que hacer nada extra, tu mejor esfuerzo es tu mejor esfuerzo y siempre será recompensado de una forma u otra. Esfuérzate por dar lo mejor de ti porque, solo piénsalo, tu mejor esfuerzo es todo lo que puedes hacer en relación con ese asunto. Para algunos consejos sobre cómo seguir dando lo mejor de ti para una mejor efectividad:

- Derrama tanto amor sobre ti mismo. Amarte a ti mismo es, honestamente, la esencia misma de la vida. Desde ese profundo pozo de amor por ti mismo, la inspiración para dar lo mejor de ti sin importar las circunstancias puede surgir realmente. Te vuelves más amable, más benévolo, afectuoso, motivado, y cualquier otra cualidad que siempre has deseado para ti cuando comienzas a amarte a ti mismo.

- Deja de buscar fallos y ser idealista. Es bueno establecer altos estándares para nosotros mismos hasta que comenzamos a caer en la depresión porque resultan ser inalcanzables. Sé que dicen que apuntes a las estrellas y si caes, al menos caerás entre las nubes, pero no te disparen en la pierna por eso. Establece una meta, haz tu mejor esfuerzo, pero no te castigues porque no salga exactamente como quieres. Confía en el proceso y ten fe en el universo. ¡No, el universo no está en tu contra!

- Sé consciente de tu entorno. La mejor manera de ser lo mejor que puedes ser es estar atento y consciente de las cosas que suceden a tu alrededor. Además, ten cuidado con tus reacciones ante cada ocurrencia. Considera tus próximas acciones, si es lo que deberías estar haciendo y si te beneficiará a largo plazo. Pregúntate si lo que estás haciendo en este mismo momento te ayudará a llegar a donde quieres estar en la vida. No necesitas un entrenador de vida cuando puedes responder a estas preguntas a diario.

- Sé coherente pero también fluido. Como se mencionó anteriormente, aclara tus deseos y tus necesidades y especifica qué te trae alegría. La certeza ayuda a la fluidez en la vida. Asegúrate de no pensar demasiado en ello, déjalo fluir.

- No olvides que la vida es un proceso. No trates de apresurarte a través de la vida. Llegarás a tu destino, solo aprecia el proceso, incluyendo las pruebas y las victorias. Vive en el presente y aprecia cada momento y cada aliento que tomas.

- No lo pienses demasiado. Suelta el miedo a fallar cuando has dejado el resto. Los pensamientos negativos permanecen más tiempo y son dolorosos. Solo te llevarán a pensar en exceso sobre eventos pasados y el futuro desconocido. Más que nada, sabes que la mayoría de las historias que tejes en tu cabeza son falsas y sin fundamento. ¡Déjalas ir!

- No estoy diciendo que será fácil despejar tu mente todo el tiempo, pero nunca dejes que la negatividad se aloje en tu mente. Puedes elegir no reaccionar como ella quiere que lo hagas, dejándola moverse sobre ti lentamente pero con seguridad. Sí, puedes elegir no dejarte afectar por esos pensamientos. ¡Déjalos ir! Cuando te cueste borrarlos, teje una historia factual en tu cabeza para reemplazar las falacias que la negatividad presenta.

- Deja de ser juicioso. Cuando tienes algo que decir sobre prácticamente todo lo que sucede a tu alrededor, obtienes la poco bienvenida oportunidad de sobreanalizar y pensar en exceso las cosas. Reduce tus opiniones y tu juicio. Esto te ayuda a realmente dejar lo demás cuando has hecho lo mejor que puedes. No tienes que formar una opinión sobre ese incidente que realmente no es asunto tuyo, o sobre esa persona. Estarás gastando energía mental útil y solo agotándote. Te das un respiro a tu cerebro cuando ignoras la tentación de opinar o juzgar cosas triviales.

No Tiene Que Ser Difícil.

La gente tiende a pensar que si algo no es difícil o doloroso, entonces no es lo real. Todo puede ser fácil dependiendo de cómo lo veamos o lo abordemos. Permite que la naturaleza te moldee y te dé forma. Sométete al cambio y al amor. Permítete ser amado por completo y recupera tu vida de las garras del miedo.

Aprende a amar. Estúdialo a fondo. Dedica tiempo a comprenderlo. Deja que el amor te encuentre, te prepare y te moldee en una persona que nunca ha conocido el desamor, en alguien cuya única memoria es la de la plenitud. Por esto vives y respiras. Este es el meollo de la vida; el amor. Todo lo demás es solo una adición. Cree en ti mismo y sé inquisitivo. ¡Toma las riendas de tu vida por completo!

No te apresures, tómate tu tiempo. Gana algunos, pierde algunos, levántate, cae, pero vuelve a levantarte... y no olvides reír a carcajadas y llorar con fuerza también. Canta, haz música con tu corazón. Harmoniza con las melodías de aquellos que pueden escuchar tu canción. Sé todo esto con fe y gracia.

Hay tanto que hacer y pensar, simplemente haz lo que puedas hacer y deja el resto.

Capítulo 22: No te presiones para manejarlo.

Sin saberlo, muchos de nosotros nos imponemos un estrés adicional cuando ya enfrentamos estrés a diario.

La presión excesiva, acumulada con el tiempo, la mayoría de las veces causará una detonación. Por supuesto, no detonarás realmente, pero tendrás un colapso emocional, una pelea explosiva con alguien querido para ti, o te sentirás deprimido cuando estés bajo presión autoimpuesta o presión social.

Evita ponerte bajo presión excesiva si quieres prevenir dilemas físicos y psicológicos. Aunque hablar es fácil, puedes estar decidido a soltar algunas situaciones. Ten en cuenta que no puedes transformarte de repente, pero, conociéndote bien, puedes aprender a intentar no ser siempre perfecto.

Saber cuándo eres la causa de una presión innecesaria es el primer paso para reducir la presión sobre ti mismo. No te castigues por este comportamiento general, más bien descubre cosas que puedes hacer para dejar de autodestruirte y ser tu socio más poderoso en la eliminación del estrés.

Ahora, ¿cómo podemos encontrar y liberar los puntos de presión? Te exijo que:

- Identifica tus "puntos de presión". Preguntas como, "¿Cómo he estado ejerciendo presión sobre mí mismo en diferentes aspectos de mi vida (mi vida amorosa específicamente)?" te ayudarán mucho.

- También pregúntate esto: ¿Cuál es el efecto de mis puntos de presión en mis interacciones con la gente y en mi vida en su conjunto?

- Ahora intenta localizar el origen de los puntos de presión. La pregunta, ¿De dónde proviene esta presión? Sé minucioso y sinceramente fiel a ti mismo.

Estos son algunos de los mejores métodos para maximizar tu vida y reducir el estrés autoinfligido como resultado del pensamiento excesivo.

Comete errores, está bien. Aunque a nadie le gustan los errores, frecuentemente está destinado a ocurrir. ¿Cómo más se supone que vamos a aprender?

Deja de darte principios poco prácticos. Todos cometen errores y estos errores nos moldean en las personas que somos en este momento.

No tengas miedo de deshonrarte o arruinar las cosas. Sin errores, no sabremos qué cosas son adecuadas para nosotros y cuáles no lo son. Extrañamente, los errores son finalmente positivos.

Aprovecha las oportunidades, comete errores, arruina las cosas. Cuando finalmente superes el flincherío, la experiencia y el conocimiento adquiridos te harán sentir feliz.

Piensa como un realista optimista en lugar de un pesimista. Muchas personas tienen miedo de pensar positivamente, lo comparan con un juego mental en el que ignoran problemas relevantes o consejos útiles que la vida ofrece y terminan cometiendo errores que causarán estrés adicional.

Un método optimista que puedes utilizar es el pensamiento positivo, es una forma de pensar que te permite concentrarte en los logros que aumentan tu autoestima y te permiten dar lo mejor de ti en el futuro.

Deja de compararte con los demás. No hay otra persona como tú. Esto debería darte placer. Deja de medirte contra otras personas, particularmente con respecto a estándares poco prácticos. No hay otra persona como tú ni como la persona con la que te estás comparando.

Reconoce quién eres y ¡móstratelo! El hecho de que no te parezcas a otra persona no debería hacerte sentir inferior. Medirte constantemente con los demás te obliga a concentrarte solo en lo desfavorable.

Agradece tus características especiales. Son específicas solo para ti. Agradece cómo te han tratado. Concéntrate en las cosas asombrosas sobre ti. Cuando eres capaz de apreciarte adecuadamente, ser optimista se vuelve fácil y puedes deshacerte de los pensamientos pesimistas que intentan infiltrarse en tu mente.

Una de las cosas más difíciles que podemos hacer es olvidar. Pero si puedes olvidar las cosas que te agobian, volverse optimista en la vida se logra fácilmente. Llevar a cabo estos procesos ayudará a eliminar la presión y te permitirá vivir libre y ser feliz.

Date cuenta de que nada es tan importante. ¿Es esa presentación de PowerPoint para tu jefe o preparar las invitaciones para el cumpleaños de tu primer hijo? En el gran esquema, nada es lo suficientemente relevante como para hacerte sentir agotado, molesto o triste.

Nada vale la pena perder el descanso nocturno. No te preocupes tanto que te enfermes. En su lugar, inhala, exhala, y luego obtén respuestas a las preguntas planteadas anteriormente. Esto ayudará a poner las cosas en orden.

No te pongas demasiada presión. Nada debería tomarse demasiado en serio.

Capítulo 23: Diario para sacar los pensamientos de tu cabeza.

Hay varias razones por las que llevar un diario es una herramienta de gestión del pensamiento altamente recomendada. Muchos tipos de investigación han demostrado la efectividad de llevar un diario para la felicidad, la salud y la gestión del estrés. Es una técnica simple y agradable. Existen diferentes formas de llevar un diario y todos tienen la oportunidad de beneficiarse de ello. El hábito de llevar un diario debería añadirse a tu vida, puedes llevar un diario diariamente, semanalmente o tanto como necesites en caso de que el estrés se vuelva demasiado intenso.

Una forma en que el diario deja de lado el pensamiento excesivo es ayudándote a procesar tus pensamientos. Esto se debe a que el pensamiento excesivo puede causar rumia y estrés mental si no se controla; sin embargo, algunas razones de tu pensamiento excesivo pueden ser reducidas a través de un pequeño examen enfocado. Llevar un diario puede ser una excelente manera de revisar y transformar pensamientos rumiativos y ansiosos en pensamientos orientados a la acción y empoderadores.

Cómo Empezar

Puedes sacarte de una zona de estrés y sentirte aliviado en unos minutos siguiendo el plan a continuación. ¿Estás listo? Toma un bolígrafo o abre un documento y ¡vamos!

Comienza escribiendo en un diario durante 5 a 15 minutos. Anota tus pensamientos y las cosas que te están perturbando:

- Anota tus preocupaciones y continúa haciéndolo hasta que sientas que has puesto las cosas necesarias que debían ser dichas sin caer en la rumiación. Puede que desees usar un diario, una computadora o incluso papel y bolígrafo. Si utilizas papel, procura dejar una línea o dos por cada línea usada, ya que esto será útil más adelante.

- Explica qué está sucediendo en ese momento y los eventos que actualmente están causando dificultades. No olvides que, al sobrepensar, no siempre es lo que está ocurriendo actualmente lo que causa estrés, sino tus preocupaciones sobre lo que puede suceder en el futuro. Si este es tu caso, está bien; puedes dejar de lado lo que está ocurriendo actualmente e indicar que la única parte que realmente es estresante es lo que ocurrirá a continuación. (Esto puede, de hecho, llevar a un alivio del propio estrés).

- A continuación, escribe tus miedos y preocupaciones y ordénalos según el tiempo, desde el más antiguo hasta el más reciente. Esto significa que comienzas con una de las cosas que te causa estrés en el presente y piensas en lo que puede llevar. Luego anota tus temores sobre lo que ocurrirá después.
- Escribe su efecto en ti.

Una vez que tus pensamientos estén en orden, busca lo que puedes hacer para reducir algo de la ansiedad y el estrés interior.

Diario: Tu Camino Hacia un Mejor Estado Mental

Poner tus miedos y preocupaciones en papel ayuda mucho a sacar esos pensamientos de tu cabeza y ponerlos al descubierto. A continuación, lee de nuevo y reflexiona sobre lo que has escrito.

El examen de tu distorsión cognitiva te ayuda a ver el beneficio de cambiar el hábito de patrones de pensamiento que inducen al estrés.

- Una vez que hayas observado lo que te preocupa en este momento, examina tus otras opciones. ¿Es posible que haya cambios ahora mismo? ¿Hay cosas que puedes hacer para cambiar los eventos o tus pensamientos sobre los problemas?
- Cuando escribes lo que temes que suceda a continuación, piensa lógicamente y esfuérzate por dialogar contigo mismo. Escribe cualquier cosa que surja en cuestión si realmente es una preocupación o no. ¿Qué tan probable es que esto ocurra y cómo sabes que ocurrirá? ¿Qué tan seguro estás? Si tus preocupaciones realmente ocurren, ¿es posible que no sea tan negativo como esperabas? ¿Es posible que se convierta en un evento neutral

o incluso mejor, en un evento positivo? ¿Es posible que puedas usar tus circunstancias para obtener un mejor resultado para ti, aprovechando las cosas disponibles para ti y los posibles cambios que pueden ocurrir? ¿Qué cambio mejor puedes aportar?

Ahora entiendes. Enfrentar tus miedos generalmente te ayuda a aliviar la ansiedad. Comienzas a ver que las cosas son poco probables que ocurran una vez que piensas que son malas o no tan malas como crees que pueden ser.

- Por cada preocupación o miedo que tengas, esfuérzate por escribir al menos una o dos maneras en las que puedas verlo de forma diferente. Crea una historia completamente nueva para ti, un nuevo conjunto de posibles ocurrencias, y anótalo en papel junto a tus miedos en los que estás pensando.

- El examen de tu distorsión cognitiva también puede ayudarte a ver el beneficio de cambiar el hábito de patrones de pensamiento que inducen estrés.

Puede ser bastante útil procesar lo que sientes en papel. Escríbelo, prepárate para lo peor y espera lo mejor.

Capítulo 24: Cambia de canal.

Nunca te dejes aburrir por la vida, siempre mantente ocupado con cualquier cosa que te interese. Participa en cualquier actividad que te emocione y que también pueda despejar tu mente de preocupaciones. Todos enfrentamos diferentes desafíos en la vida, pero no debemos concentrarnos en ellos. Sin embargo, una mente ociosa no tiene más opción que preocuparse y sobrepensar los problemas que rodean la vida. Cuanto menos ocupado estés, más tiempo tendrás para preocuparte. Por lo tanto, es muy necesario que te consigas alguna forma de distracción, algo que pueda deleitar tu mente y aliviar ansiedades.

Nota que la mayor parte del tiempo cuando te encuentras en cualquier actividad que te da alegría, tu mente parece estar libre de pensamientos y simplemente absorbiendo el momento, y es en ese momento cuando puedes decir "Tuve un buen rato". Cuando estás ocupado viviendo cada segundo de tu vida haciendo esto (involucrándote en cada actividad que te entusiasma); tiendes a olvidar tus preocupaciones, aliviando así tu mente del estrés.

Distráete con actividades como deportes, plantar, ver una película, incluso conversar con seres queridos. Lo que elijas para distraerte debe ser algo que ames y que pueda alejar tu atención de las ansiedades. Tu distracción también debe ser algo que se pueda hacer de manera regular. Si tienes muchas horas libres, incluso puedes considerar ofrecer servicio voluntario a niños, a ancianos, incluso a animales. Ayudar a otras personas es otra forma de distraerte de tus propios problemas y concentrarte en los demás. También te ayuda a sentirte útil, en lugar de preocuparte por cosas que no puedes controlar.

Encontrar una distracción es como intentar sanar un corazón roto. Es una manera de ayudarte a superar el dolor y la herida, te ayuda a reconsiderar los hechos y a apreciar más la vida. Las distracciones son como buenos amigos que constantemente nos ayudan a encontrarnos cuando estamos perdidos.

Esta habilidad (habilidad de distracción) se utiliza a menudo en el campo médico para calmar a los pacientes y distraerlos del dolor o de cualquier otra forma de malestar. Esto indica que esta habilidad o arte es muy necesario en todos los campos de la vida. El objetivo de distraernos es darnos la oportunidad de experimentar otras cosas por las que podemos sentirnos agradecidos. Nos abre los ojos para ver el mundo que nos rodea y apreciarlo.

Una vez que comiences a involucrarte más en la vida, sin crear ningún espacio para sentimientos de ansiedad y preocupaciones, notarás la mentalidad positiva que viene con la paz mental.

Hay listas interminables de distracciones en las que puedes participar, pero algunas se enumeran a continuación;

- El hábito de escuchar música relajante
- Consigue una mascota con la que puedas acurrucarte.
- Tomando té o disfrutando de tu mejor bocadillo
- Optar por largas caminatas
- Ejercicio
- Involúcrate en deportes
- Leer un libro
- Puedes escribir
- Permanece quieto un rato o echa una siesta.
- Limpia la casa
- Salir de compras, reunirse con amigos o simplemente pasear
- Dibujar
- Recitar rimas o el abecedario

Lo que hagas, simplemente consigue un pasatiempo. Distráete para salir del ciclo.

Capítulo 25: Tómate un Descanso.

Puedes ser arrastrado por problemas cuando simplemente estás tratando de concentrarte en el trabajo presente o solo quieres divertirte.

Cuando te enfrentas a una situación que está fuera de tu control, buscar una actividad positiva en la que involucrarte es una opción saludable. Busca una distracción, algo que te brinde placer o consuelo, o que te haga sentir mejor.

Relajarse en la naturaleza es refrescante, calmante y un gran aliviador de estrés y preocupaciones. Cada vez que te sientas abrumado por pensamientos desbordantes en tu mente, sal a dar un paseo por la playa, junto al río o en el parque.

El objetivo es conectarte contigo mismo. Concéntrate en los sonidos, vistas y olores de tu entorno. Tomar un descanso alejará tu mente de tus preocupaciones, te hará sentir tranquilo y te reconfortará.

Descanso para Resultados

Crear tiempo para descansos que refresquen física y mentalmente es fácil. Busca una actividad que disfrutes. Selecciona entre estas opciones para probar durante tu próximo descanso.

Estiramientos. Si eres como muchas personas que se sientan frente a una computadora o un escritorio durante mucho tiempo, levántate de tu silla al menos una vez cada hora para moverte y estirar tus piernas y brazos. Además, apartar la vista de la pantalla regularmente hace que tus ojos se sientan menos cansados.

Caminar. Los movimientos de caminar aceleran la circulación, haciendo que seas más activo y reduciendo la tensión en tus músculos. Además, un cambio de ambiente podría ofrecerte una nueva solución o perspectiva a un problema persistente.

Respiración. Inhalar lentas y profundas respiraciones por la nariz y exhalar por la boca es una forma de ejercicio para controlar la respiración. Este es un gran método para refrescar tu mente, aliviar tensiones y mejorar la alerta. Puedes practicar estos ejercicios de respiración acostado o sentado en una silla. Para obtener resultados efectivos, intenta hacer hasta 8 repeticiones dos o tres veces al día.

Ejercicio. Siempre que puedas, da un paseo en bicicleta o camina durante 20 minutos. Períodos cortos de ejercicio aumentan tu frecuencia cardíaca y mejoran la circulación, te hacen más alerta, mantienen tu peso bajo control, mejoran tu apetito y te hacen sentir menos cansado.

Visualización. Una estrategia para obtener los efectos positivos de un entorno sereno cuando no puedes estar presente allí, en realidad, es a través de la Visualización. Por ejemplo, si estás teniendo un día difícil en el trabajo, puedes acostarte o sentarte en una silla durante unos minutos e imaginar que estás en un lugar favorito de vacaciones o sentado en una relajante bañera de hidromasaje que está haciendo que todo el estrés se disuelva. Visualiza tantos detalles emocionantes como puedas: olores, sonidos y vistas. Esto transmite impulsos a tu cerebro, diciéndole que se relaje.

Lee un libro. Un poco de distracción es todo lo que se necesita para escapar del confinamiento. Olvídate de Internet y lee un libro. Sumérgete en una historia romántica o lee algo que te lleve a un lugar y tiempo diferentes. Si es imposible quitarte tus preocupaciones, aléjate de ellas.

Ayuda a alguien más. Deja de ser egoísta. Piensa en otras personas. Conviértete en voluntario local, dona a una buena causa, haz sándwiches para las personas sin hogar en tu área. La manera más fácil de dejar de pensar en ti mismo es pensar en otra persona.

Muchas de esas cosas que nos agobian y nos hacen perder el sueño pueden solucionarse con algunas horas de disfrute, placer o distracción, en lugar de otro día estresante lleno de preocupación y ansiedad.

Al adoptar estas estrategias, sigue las indicaciones de tu cuerpo y no permitas que una rutina estricta dicte tus descansos. Cuando tus descansos se convierten en otra tarea en tu lista de cosas por hacer, será difícil obtener los beneficios deseados. Así que, toma ese descanso cuando más lo desees.

Tu estado de ánimo, junto con tu perspectiva, mejorará. Todo, incluidas las imposibles dificultades de la vida, parece ser más fácil cuando te tomas un descanso de todo el estrés. Un poco de espacio para respirar puede mantener tu perspectiva y ayudarte a explorar otras opciones para un cambio positivo.

Consolida todos tus problemas en lugar de dejarlos interrumpir tu vida diaria.

Capítulo 26: Hacer ejercicio.

Tu salud, así como tus actividades diarias, pueden verse negativamente afectadas por el exceso de pensamiento. Como ya sabes, el proceso de sobrepensar es tedioso, ocupa una parte mayor de tu tiempo y te impide participar en actividades productivas.

Tiendes a considerar cada situación como demasiado compleja y tu cerebro se estresa por el sobreanálisis. Así que es muy difícil desplegar tus habilidades de resolución de problemas y analíticas. La mayoría de las veces, estás molesto y decepcionado contigo mismo. Eventualmente, esto resulta en ansiedad y depresión. Las cosas pequeñas comienzan a aterrorizarte o a irritarte, incluso podrías llorar. Además, hay una aceleración en el proceso de envejecimiento, hay un cambio en tu patrón de sueño y podrías experimentar un trastorno alimentario.

No solo hacer ejercicio ayuda a limitar el pensamiento excesivo, sino que también reduce el estrés interno y la ansiedad.

Como sabemos, no hay forma de apagar tu cerebro si no quieres pensar. El proceso es difícil, pero es inofensivo intentarlo y también puedes mejorar la calidad de tu vida mientras lo haces.

Necesitas una gran cantidad de concentración mental para participar en un entrenamiento intenso, esto implica que toda tu concentración estará en el ejercicio, en lugar de las varias imaginaciones que corren por tu mente.

Además, se liberan endorfinas en tu cerebro cuando haces ejercicio, lo que conduce a una sensación general de bienestar y positividad. Esto reduce el riesgo de tener pensamientos perturbadores o negativos.

Cómo el ejercicio promueve el bienestar positivo

Las personas que se sienten mentalmente saludables también pueden mejorar su salud haciendo ejercicio. Se ha descubierto que participar en actividad física estimula un sueño de calidad, mejora el estado de ánimo y aumenta los niveles de energía.

Los beneficios de la actividad física para la salud mental son numerosos, incluyen:

Las hormonas del estrés se reducen al hacer ejercicio. Las hormonas del estrés, como el cortisol, se reducen cuando haces ejercicio. Las endorfinas, tu hormona de la positividad, también se liberan cuando haces ejercicio y esto ayuda a mejorar tu estado de ánimo.

La actividad física desvía tu atención de las emociones y pensamientos negativos. La actividad física te distrae de tu problema, canaliza tu mente hacia tu actividad presente o te lleva a un estado de calma.

El ejercicio aumenta la confianza. Hacer ejercicio ayuda a tonificar tus músculos, perder peso y lograr una sonrisa saludable y radiante. Podrías experimentar una ligera pero significativa mejora en tu estado de ánimo, tu ropa te queda mejor y emanas un aura de confianza renovada.

El ejercicio puede ser una excelente fuente de apoyo social. Hay beneficios comprobados del apoyo social y muchas actividades físicas también pueden considerarse actividades sociales. Así, no importa si juegas sóftbol en una liga o te conviertes en miembro de una clase de ejercicio, el entrenamiento en grupo puede ofrecer los beneficios adicionales de aliviar el estrés.

La mejora de la salud física equivale a una mejora de la salud mental. Aunque el estrés resulta en enfermedades, las enfermedades también pueden resultar en estrés. Mejorar tu bienestar general y longevidad mediante el ejercicio puede prevenir mucho estrés a corto plazo, al aumentar tu inmunidad contra la gripe, resfriados y otras enfermedades menores. Y a largo plazo, al mejorar tu salud durante un buen tiempo, ayudándote a sacar lo mejor de la vida.

El ejercicio te protege del estrés. Puede haber un vínculo entre la actividad física y una respuesta fisiológica reducida al estrés. En términos más simples, el estrés tiene un efecto reducido en las personas que hacen ejercicio activamente. Además de otros beneficios, el ejercicio podría hacerte inmune al estrés potencial y puede ayudarte a manejar el estrés presente.

Tipos de ejercicios para superar el pensamiento excesivo

Estos tres ejercicios te ayudarán a vencer la práctica de sobreanalizar y sobrepensar. Adhiérete a este increíble patrón y transforma tu vida.

Experimenta con el yoga. Una excelente manera de reducir la presión en tu cerebro y aliviar el estrés es practicando yoga. El yoga ayuda a canalizar tu atención y concentración de cosas insignificantes a tu respiración y cuerpo al entrar en un estado de meditación.

Experimente con la Pose Fácil en Yoga. Contrario a lo que sugiere el nombre, no es fácil. Te sientas con tus huesos de la cadera aplastados al suelo y extiendes tu columna vertebral. Relaja tus hombros y afloja tu cara a un estado de tranquilidad. Deja caer tus brazos sobre tus rodillas y respira profundamente durante al menos un minuto. Esto eliminará toda tu preocupación y estrés mental.

'Rodillas al Pecho' es otro gran ejercicio. Lo único que se requiere es acostarse y abrazar las rodillas cerca del pecho. Haga un movimiento de balanceo de lado a lado y respire profundamente durante un mínimo de 40 segundos.

Ejercicios cardiovasculares de rutina. Este es un gran método de relajación. Las endorfinas son analgésicos naturales que se liberan durante períodos prolongados de aumento de la frecuencia cardíaca. No solo el ejercicio regular disminuye el nivel de estrés en tu cuerpo, sino que también puede ayudar con la pérdida de peso, aumentando tu confianza. Si eres un principiante, prueba estos ejercicios relativamente simples.

Comienza dando un paseo por las colinas. Puedes incluir pesas para los tobillos o usar correas para las muñecas o mancuernas para aumentar tu frecuencia cardíaca. De lo contrario, utiliza una caminadora; enciende tu elección de música preferida para evitar que tu cerebro se distraiga con cosas insignificantes. Andar en bicicleta es otra gran opción si no disfrutas caminar.

Usar las escaleras es otra opción. Corre o camina por las escaleras, dos a la vez durante unos 10-15 segundos, de lo contrario, experimenta con el Stairmaster en el gimnasio.

Involúcrate en la relajación muscular progresiva. Este es un proceso de dos etapas. Primero, contraes y luego relajas varios músculos de tu cuerpo. Esto ayuda a neutralizar el estrés y los músculos tensos en tu cuerpo. Un cuerpo relajado es igual a una mente relajada. Ten en cuenta preguntar a tu médico sobre cualquier historial de dolor de espalda o muscular antes de hacer esto para que puedas evitar la exacerbación de una lesión subyacente.

Puedes comenzar con tu pie derecho. Aprieta fuertemente durante 10 segundos, luego permite que se relaje. Haz esto también con tu pie izquierdo y asciende de la misma manera. Recuerda tomar respiraciones profundas y lentas durante todo el proceso.

El estrés se reduce al participar en actividad física rutinaria.

Capítulo 27: Consigue un pasatiempo.

Hacer algo que amamos nos da felicidad y mejora nuestras vidas. Este es un buen método para dejar el hábito de pensar en exceso. Ten una escapatoria artística constante que amas. Cualquier cosa productiva como la programación, el diseño gráfico, la música, el dibujo y la pintura, estar involucrado en un deporte, entre otros.

El mejor método para comenzar otro pasatiempo es intentar algo diferente. Hay actividades impresionantes y divertidas en todo el mundo en las que podemos profundizar y convertir en nuestras. Ofrece algo interesante que hacer mientras estamos libres y brinda la libertad de obtener habilidades adicionales. Tu pasatiempo puede ser jugar videojuegos.

Todos somos específicos y diferentes, por lo tanto, nuestros pasatiempos y pasiones difieren. Y en cuanto encontramos un pasatiempo que nos encanta y que realmente nos interesa, nos quedamos pegados a él. Se convierte en un aspecto integral de nuestras vidas y nos fascina personalmente. Si tus pensamientos se vuelven abrumadores, lleva a cabo tu pasatiempo y sumérgete en él. Mantente en ello hasta que te sientas revitalizado.

Hay numerosas razones por las que todos deberíamos adoptar un pasatiempo, pero estos son algunos beneficios importantes:

- Te hace más interesante. Tener pasatiempos te abre a encuentros diversos, así que tendrás un montón de historias que contar. Son especialistas en ese área, así que pueden dar charlas a cualquiera que tenga curiosidad sobre sus temas.

- Ayuda a aliviar el estrés al mantenerte ocupado en algo que disfrutas. Los pasatiempos son una vía de escape del estrés de la vida diaria. Te permiten descansar y encontrar alegría en actividades que no están relacionadas con el trabajo o con otras obligaciones.

- Los pasatiempos te ayudan a ser más paciente. Para adquirir un nuevo pasatiempo, tienes que estar calmado para aprender a hacer algo que nunca has hecho antes. Es probable que haya un período de aprendizaje y se requerirá paciencia para perfeccionar tus habilidades.

- Tener un pasatiempo puede ayudar a tu vida social y crear un vínculo con los demás. Un pasatiempo es una actividad que disfrutas constantemente con otros. Si eres parte de un club, participas en una liga, o simplemente ayudas a otros con el resultado de tu trabajo, un pasatiempo es una excelente manera de conocer y conectar con personas que son apasionadas por las mismas cosas que tú.

- Te ayuda a desarrollar nuevas habilidades: Dedicando y ofreciendo tu tiempo a un hobby, te lleva a construir nuevas habilidades. Continúas mejorando en un hobby a medida que aumenta el tiempo que le dedicas.

- Ayuda a prevenir malos hábitos y perder el tiempo: El dicho "las manos ociosas son el taller del diablo" nunca pasa de moda. Tener buenos pasatiempos para hacer durante tu tiempo libre asegura que no gastes ese tiempo libre en actividades negativas o inútiles.

- Aumenta tu confianza y autoestima: Lo más probable es que disfrutar de una actividad normalmente garantiza que serás bueno en ella. Destacar en cualquier actividad te ayuda a desarrollar orgullo por tus logros y aumentar tu confianza.

- Aumenta tu conocimiento: Desarrollar tu afición no solo garantiza la adquisición de nuevas habilidades, sino que también te asegura obtener nuevos conocimientos.

- Te desafía: Al participar en un nuevo pasatiempo, comienzas a involucrarte en actividades que son nuevas y desafiantes. Si no es un desafío para ti, tu pasatiempo será menos placentero y es posible que no lo encuentres atractivo.

- Los pasatiempos ayudan a reducir o erradicar el aburrimiento: Los pasatiempos aseguran que tengas algo que hacer en tu tiempo libre. También aseguran que tengas algo por lo que emocionarte y algo que esperar.

- Enriquece tu vida y te da una perspectiva diferente sobre las cosas: Es seguro que tendrás acceso a nuevas ideas sin importar el hobby que elijas. Los pasatiempos también te ayudan a crecer de varias maneras, incluyendo brindarte nuevas formas de ver la vida y proporcionarte nuevas opiniones.

Tu enfoque se desplaza de pensar en exceso a la actividad presente cuando te involucras en tu pasatiempo. Esto ayuda a mostrar tu creatividad y mejora tu coordinación y función cognitiva.

Capítulo 28: No seas demasiado duro contigo mismo.

A menudo, piensas demasiado como resultado de ser muy duro contigo mismo. Tu deseo de fortuna es tanto que te sumerges en la angustia si tus planes no se concretan. Aún estás enojado contigo mismo por tu reciente fracaso.

Dado que todos deseamos un mejor mañana, tendemos a preocuparnos y pensar demasiado en cómo será nuestro mañana. Te molesta perder tu empleo, que tu empresa se hunda, que un divorcio sea inminente y muchas otras cosas.

¡Detente! Porque sentirse molesto no cambiará nada.

En un sentido real, arruina tu momento presente. Acepta el hecho de que no puedes hacer nada acerca de tu mañana y deja de preocuparte por ello.

Si a menudo eres demasiado duro contigo mismo, eliminar tu comportamiento de sobrepensar se convierte en un problema. En realidad, la vida nunca va según lo planeado.

A veces, las cosas no saldrán bien y no hay nada de malo en eso. Prepárate para dejar ir la culpa cuando las cosas no salgan como se esperaba. A menudo, no eres la causa.

¿Por qué preocuparse por una situación sobre la que no puedes hacer nada?

Inmediatamente, cuando dejes de ser duro contigo mismo, el fracaso no te generará miedo, lo que llevará a pensar menos en exceso.

Reconoce que tu mañana llegará como estaba destinado y dirige tu fuerza a actividades que te brinden placer y satisfacción.

Cómo dejar de ser demasiado duro contigo mismo

Es crucial ser tolerante y apreciarte a ti mismo para dejar de ser duro contigo mismo. En lugar de malgastar tiempo en la culpa personal, enséñate a hacer la vida mejor para ti.

- Ten expectativas realistas. Eres solo humano, así que entiende que no hay nada de malo en cometer errores. No hay persona perfecta y la vida no es perfecta. Cometer errores te ayudará a adquirir conocimiento y a desarrollarte, y la forma en que deseas que sea la vida no es a menudo lo que obtienes. Acepta el curso de tu vida, dedícate a adquirir conocimiento y a mejorar como persona. Concéntrate solo en las cosas que realmente puedes influir.

- Busca las lecciones en todo. En lugar de castigarte cuando cometes un error, acepta lo que hiciste mal y busca la moraleja en ello. Está bien ser criticado, pero asegúrate de que los críticos sean útiles y tengan importancia relativa. Tener baja autoestima está estrechamente asociado con ser excesivamente duro contigo mismo. Determínate a no ser duro contigo mismo. Pregúntate qué puedes hacer mejor en el futuro basándote en lo que aprendiste. Ve estos encuentros como una oportunidad para progresar.

- Desafía a tu crítico interno negativo. Las cosas que dices y piensas son importantes y ser pesimista deformará tu existencia. Cuestionarte repetidamente no te aportará nada. Deja de vivir en tus errores. Este es un mal uso de la fuerza, es poco útil y te mantiene estancado. Lucha contra el pesimismo y concéntrate en el progreso.

- Concédele prioridad a lo positivo. Hay "bueno" en todas partes, pero es probable que no lo notes si eres duro contigo mismo. Busca deliberadamente lo positivo. Cuestiona las cosas que hiciste correctamente, lo que aprecias de ti y de tu existencia. Tener un diario y escribirlo es útil.

- Pon las cosas en perspectiva. ¿Son los errores que cometiste y tu vida tan trágicos como imaginas que son? ¿Dentro de unos 10 años, seguirán siendo importantes? Puedes hablar de ello con una persona de confianza.

- Usa afirmaciones. Por ejemplo, "Puede que no sea el mejor, pero estoy adquiriendo conocimiento y progresando" o "lo que hice entonces fue lo mejor que supe hacer."

- Trátate a ti mismo como a un mejor amigo. Acepta tus defectos, trátate con ternura y colma tu vida de amor. Permítete hacer cosas nuevas, cometer errores, resolver problemas y avanzar. Valórate y conoce tu valor completo.

El progreso se detiene cuando eres demasiado duro contigo mismo. Pero puedes dejar de ser duro contigo mismo. Requiere determinación y fuerza, pero vale la pena. Si tienes algún problema o piensas que siempre estás estancado, no dudes en pedir ayuda. Desiste de ser duro contigo mismo, cultiva la confianza en ti mismo y construye el tipo de vida que deseas.

No tienes que estar a cargo. Acepta que no puedes hacer nada sobre mañana y que no tienes poder sobre todo.

Deja de ser un idealista

Capítulo 29: Duerme Mucho y de Buena Calidad.

Al mantener una actitud beneficiosa y no dejarse llevar por una mentalidad adversa, el sueño es un factor mayormente olvidado. Cuando no duermes lo suficiente, es probable que te sientas molesto y tengas pensamientos negativos, no meditas con la claridad habitual y te dejas llevar por los diversos pensamientos que giran en tu mente mientras sobrepiensas.

Para adquirir y retener conocimiento, ser innovador, se requiere un cerebro brillante y atento. Por el contrario, se cometen más errores y hay una reducción en la creatividad en nuestras actividades cuando no se duerme lo suficiente.

Un sueño adecuado asegura que tengamos el estado mental correcto para obtener información en nuestras actividades diarias. Además, se requiere un sueño adecuado para refinar y memorizar esa información a lo largo del tiempo. El sueño provoca alteraciones en el cerebro que consolidan la red de refuerzo del pensamiento entre las células cerebrales y envían información a través de los hemisferios del cerebro.

Beneficios de Dormir

- Agudiza tu atención. Habrás observado que es difícil concentrarse en cosas cuando tienes demasiados pensamientos dando vueltas en tu cabeza. Es difícil aprender muchas cosas nuevas cuando piensas en exceso. Si estás adecuadamente relajado, tendrás más claridad y un enfoque agudo.

- El sueño mejora tu salud mental. Acuéstate a tiempo para tu salud intelectual. Dormir reduce los signos de depresión. La falta de sueño puede causar ansiedad y aumentar el estrés. Cuando estás demasiado tenso para dormir, puedes levantarte de la cama, intentar meditar o escribir en un diario para ayudar a preparar tu mente para dormir.

- Mejora tu memoria. Hacer una memoria consta de tres fases. La fase uno es la adquisición, aquí es donde traes hechos a tu mente. La fase dos es la consolidación; aquí, la información se solidifica. Por último, la recuperación - y es justo lo que piensas, podemos volver a la información guardada. Las fases uno y tres ocurren durante nuestras horas de vigilia y la fase dos ocurre durante nuestras horas de sueño. Durante el sueño, el cerebro consolida y organiza nuestros pensamientos, esto ayuda a recordar conocimientos adquiridos previamente.

- Reduce tu estrés. Cuando no duermes lo suficiente, ¿has observado cómo las cosas sin importancia te preocupan? Pensar demasiado te hace ser irritable y tener reacciones adversas ante inconvenientes e interferencias insignificantes. Dormir ayuda a reducir el estrés.

- Ayuda en la toma de decisiones. Tu sueño afecta tus decisiones. Tener un tiempo de pensamiento inerte, como el sueño, ayuda a una buena toma de decisiones. ¿Conoces a alguien que quiera tomar una decisión que cambie su vida estando cansado?

- Te ayuda a concentrarte en tus tareas. Si no duermes bien por ti mismo, duerme bien por tus responsabilidades. La investigación nos dice que dormir te ayudará a mantenerte consciente y atento durante todo el día, permitiendo que tu agenda funcione más de lo que lo haría si no durmieras. Las siestas cortas también pueden agudizar tu concentración. Adquirir conocimientos y habilidades tácticas se mejora con el sueño.

- El sueño limpia físicamente tu mente. Así como limpias la basura en tu casa, deja que el sueño saque la basura de tu cabeza. Las toxinas que se acumulan con el tiempo son eliminadas por el cerebro cuando duermes. Probablemente por eso te sientes muy bien cuando te levantas de un gran sueño.

Cómo Aprovechar Al Máximo Tu Sueño

- Aprende cuánto tiempo tardas en quedarte dormido. Si deseas dormir durante un período de tiempo determinado, en realidad debes considerar la cantidad de tiempo que utilizas para quedarte dormido. Una aplicación móvil de seguimiento del sueño puede ayudarte con esto. Una vez que hayas estimado esto, tenlo en cuenta al pensar en tu tiempo de sueño.

- Mantenlo fresco. Entrar en un dormitorio acogedor está bien al principio. Sin embargo, me di cuenta de que duermo más cómodamente, en paz y con menos pesadillas en una habitación fría.

- Mantén los tapones para los oídos cerca. Si eres como yo, te despiertas con el más mínimo ruido, entonces los tapones para los oídos simples son lo mejor. Estos materiales de bajo costo han ayudado a mi buen descanso nocturno y me han ayudado a dormir, incluso si hay gatos ruidosos, personas que roncan y cualquier otra interrupción.

- No intentes forzarte a dormir. No te metas en la cama y te obligues a dormir cuando no sientes sueño. Por experiencia, hacer esto lleva a dar vueltas en la cama durante más de una hora. Lo mejor que se puede hacer en una situación como esta es relajarse durante unos 20-30 minutos en el sofá, leyendo o haciendo cualquier cosa que te parezca adecuada. Hacer esto me hace dormir mucho más rápido y, eventualmente, obtener un sueño adecuado.

- No duermas demasiado tiempo. Lo que inicialmente me hizo odiar tomar siestas fue dormir durante un tiempo incorrecto. Lo que está mal con esto es que puede hacerte sentir perezoso al dormir: la sensación de mareo y de estar más débil de lo que estabas antes de dormir.

A medida que el flujo sanguíneo y la temperatura del cerebro son más bajos durante el sueño, despertarse inesperadamente y un aumento en el nivel de función cerebral es inquietante.

Dormir más de 90 minutos no es útil porque comenzarás otro ciclo de sueño. Además, dormir en la tarde al final del día consistirá en un exceso de sueño de ondas lentas.

Restringe tu botón de repetición a 15 minutos. 30 minutos pueden causar inercia del sueño, o un ralentizamiento de la corteza prefrontal del cerebro que se encarga del juicio. Reiniciar esto toma aproximadamente 30 minutos.

El acuerdo general común a todos los estudios que investigué es optar por una siesta corta de 15 a 20 minutos, posiblemente tomando un poco de café de antemano, para levantarse con más energía (pero me sorprendería si puedes lograr esto), o dormir una siesta completa de 90 minutos y estar despierto antes de que comience el siguiente ciclo.

- Elige el momento adecuado del día. Dormitar cuando tus niveles de energía están habitualmente bajos puede ayudar a prevenir la sensación de la temida hora ilimitada cuando el día continúa lentamente mientras luchas contra tu somnolencia. Para aquellos que trabajan en el habitual horario de 9 a 5, este momento suele ser después del almuerzo: debido al ciclo innato de nuestro ritmo circadiano, estamos cansados dos veces en 24 horas. La mitad de la noche es uno de los picos de somnolencia y el otro, aproximadamente 12 horas después, está justo en la media tarde.

Si no dormiste lo suficiente la noche anterior, la caída en los pensamientos se sentirá más intensamente, así que querrás dormir una siesta más. En lugar de luchar contra este sentimiento con café y bebidas energéticas, puedes dormir una siesta breve para refrescar tu cerebro antes de enfrentar la tarde.

- Práctica. Para mejorar la siesta, la práctica es importante. Encontrar lo que es específico para ti puede llevar tiempo, así que sigue intentando diferentes momentos del día, distintas longitudes de la siesta y varios métodos para despertarte.

Asegúrate de que tu entorno de sueño tenga poca luz. Ten una manta a mano para mantenerte caliente mientras duermes.

Duerme con la calidad adecuada. Mantenlo fresco. Ten los tapones para los oídos cerca. No te fuerces a dormir.

Conclusión.

Necesitas entrenarte para dejar de sobrepensar y hacer un esfuerzo consciente para practicar esto a diario para que se convierta en un hábito. Controlar tus sentimientos y pensamientos requiere una práctica y un compromiso serios.

Por sí solos, tus pensamientos pueden divagar aleatoriamente de una idea a otra, pueden recordar el pasado, perseguir pensamientos salvajes o agitar ideas amargas o resentimientos y ira. Alternativamente, tu mente puede sumergirse en un mar de ensoñaciones y un mundo de fantasía, si no se tiene cuidado, tu vida puede ser controlada por tales pensamientos aleatorios, de tal manera que cada decisión o acción que tomes se vuelva impredecible. Tales pensamientos intrusivos que puedes experimentar durante el día son evidencia de que la mayoría de las funciones de la mente probablemente están más allá del control consciente. Además, nuestros pensamientos pueden sentirse tan poderosos y reales que pueden afectar la forma en que percibimos el mundo exterior.

Tómate un momento para desechar la suposición de que tus pensamientos espontáneos son insignificantes y totalmente inofensivos. En verdad, tales pensamientos pueden ser insignificantes en ese momento, pueden ser el producto de recuerdos o emociones pasadas, pero en el presente, pueden no reflejar la realidad.

La mayoría de nuestros pensamientos están bajo el control de nuestra mente subconsciente y nuestra mente subconsciente nunca nos otorgará el control total sobre nuestros pensamientos. Sin embargo, aún tienes la capacidad de controlar algunos de tus pensamientos. Además, puedes cambiar algunos de tus hábitos y cómo reaccionas a ellos para obtener más control sobre tus emociones.

A medida que pasaste por este libro, has encontrado una variedad de ideas y herramientas que pueden ayudarte a despejar tu mente para que puedas silenciar todas las voces negativas en tu cabeza, reducir el estrés y tener más paz mental.

Hacer esfuerzos conscientes para evitar pensar en exceso es un curso de acción gratificante que impactará significativamente la calidad de tu vida. Al pasar menos tiempo atravesando pensamientos intrusivos y negativos "en tu mente", tendrás más tiempo para disfrutar del momento presente y de cada otro momento.

www.ingramcontent.com/pod-product-compliance
Lightning Source LLC
Chambersburg PA
CBHW071235070526
44583CB00017B/2195